I0080380

L⁷K
1716

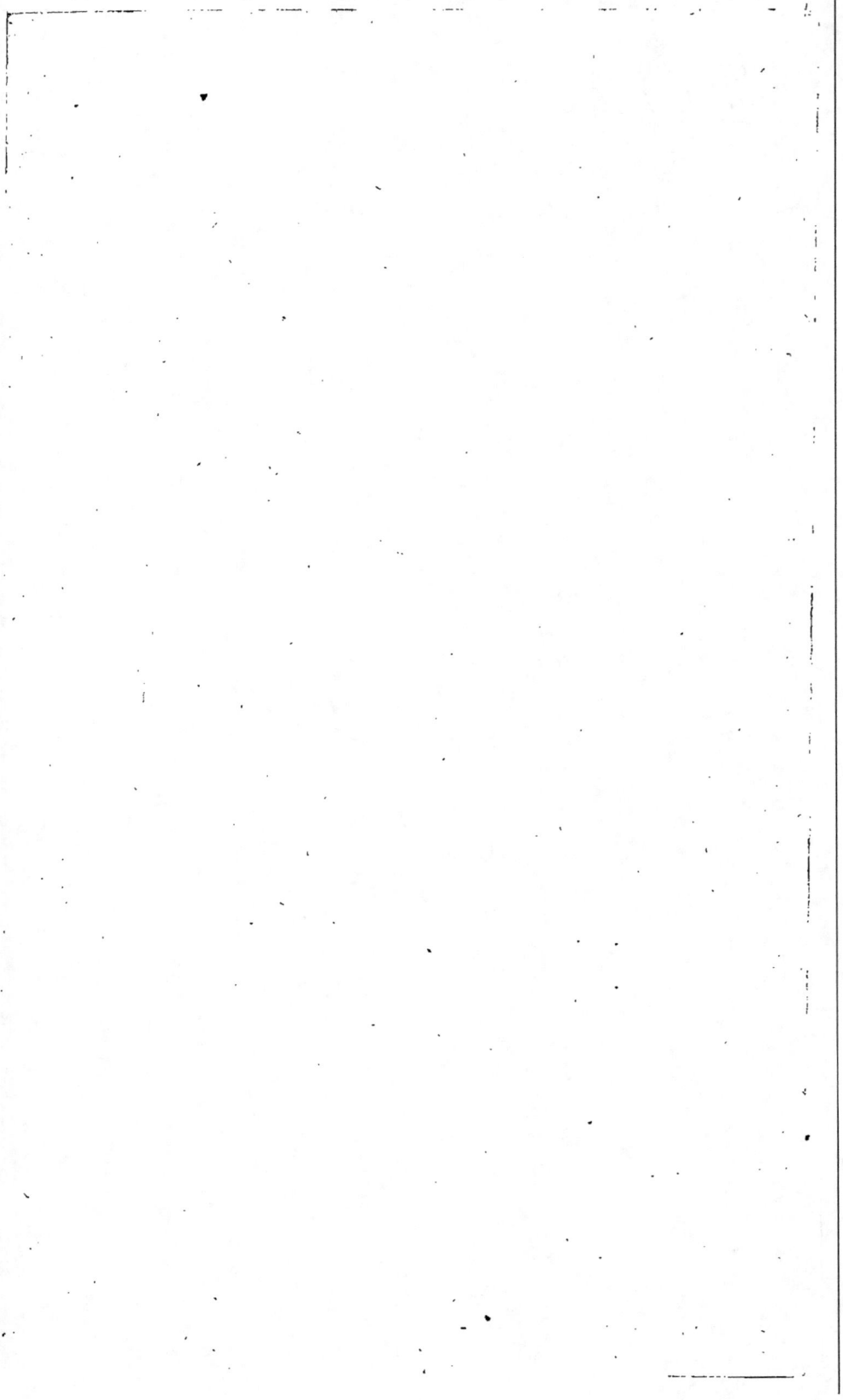

LK 1716

NOTICE HISTORIQUE

SUR LA VILLE

DE CHABEUIL

par l'abbé A. VINCENT,

Professeur au Collége de Chabeuil,
membre de la Société de Statistique de la Drome.

ACQUISITION
N° 42644.

VALENCE,
IMPRIMERIE DE CHENEVIER ET CHAVET,
RUE SAINTE-MARIE, 1.

1847.

NOTICE HISTORIQUE

SUR

LA VILLE DE CHABEUIL.

L<small>E</small> territoire qui compose aujourd'hui le canton de Chabeuil était habité, avant la conquête des Gaules, par des peuples appelés *Ségalauniens*. Valence était leur ville principale. Mais, comme les auteurs anciens qui parlent des *Voconces*, les placent du nord au midi, depuis l'Isère jusqu'au pays des *Cavares* (bas Comtat-Venaissin), il est à présumer que les Ségalauniens n'étaient qu'une fraction des Voconces.

L'époque de la fondation de Chabeuil ne saurait être fixée d'une manière précise. L'auteur de la *France pittoresque* et celui des *Antiquités du Dauphiné*, se fondant sur une certaine ressemblance de nom , lui donnent une antiquité très-reculée , et pensent, avec d'Anville, que Chabeuil était autrefois *Cerebelliaca*, l'une des vingt et une villes que Pline attribue aux Voconces. Il est fait mention, il est vrai, d'une station romaine, sous le nom de *Cerebelliaca*, à dix milles d'*Augusta* (Aouste) et à douze milles de Valence; mais Chabeuil, outre qu'il n'est pas dans la direction de la route des Alpes, n'offre point cette distance par rapport à Augusta et à Valence, car il est à peu-près à treize milles d'Augusta et à cinq milles de Valence. L'examen et la connaissance des lieux font donc repousser l'opinion d'après laquelle Chabeuil serait l'ancienne *Cerebelliaca*, que MM. Delacroix et Drojat placent , avec plus de raison, à Montoison. Les savans qui ont rédigé , sous

Louis XVI, l'ouvrage intitulé : *Description générale et particulière de la France*, prétendent, de leur côté, qu'il existait sur les bords du Rhône une tribu d'*Allobroges* désignée, dans les auteurs anciens, sous le nom de *Chalbici*, et que Chabeuil était une de leurs villes. Je l'avoue, la ressemblance des noms est frappante; mais, au lieu de lire *Chalbici*, d'autres ont lu *Cabellici*, peuples qui fondèrent *Cabellio* (Cavaillon). Quoi qu'il en soit, on ne saurait refuser à Chabeuil une origine qui date de fort loin. La tradition généralement adoptée par une sorte de vanité, qui peut bien se traduire par le mot *patriotisme*, fait de Chabeuil une ville romaine. Sa position au bas d'une colline, sur la rive gauche de la Véoure, sa proximité de Valence, les médailles trouvées dans les environs, viennent à l'appui de la tradition locale. D'ailleurs, les villages voisins, comme Montvendre, Montélier, Montmeyran, portent un nom dont ils se glorifient à bon droit : c'est que ce nom atteste une origine romaine. La position de Chabeuil, si belle, si avantageuse, n'aurait-elle pas fixé l'attention des Romains? N'est-il pas vraisemblable que le peuple conquérant s'est reposé au pied de la colline des *Gontardes*, qu'il y construisit un camp, et que là vinrent se grouper quelques familles? Cependant ce n'est point un fait acquis à l'histoire, que la fondation de Chabeuil par les Romains, car il lui faut autre chose que des traditions, autre chose que des probabilités, des conjectures.

Le territoire de Chabeuil a été traversé souvent par les légions qui allaient combattre les Barbares. En 355, l'empereur Constance, voulant repousser les Germains, que le désir du pillage attirait toujours dans les Gaules, s'avança jusqu'à Valence. Là il apprit que son armée, réunie dans Chabeuil et aux environs, était en pleine insurrection [1] : les

---

[1] **Chorier**, tome I. — D'après Crévier, auteur de l'*Histoire du Bas-Empire*, le théâtre de la sédition n'est point Chabeuil, mais Châlons-sur-Saône. Il paraît que, contrairement à Chorier, il aurait

soldats, se mutinant, méconnaissaient l'autorité des chefs; c'était en vain que, pour les rappeler à l'obéissance, on leur montrait les aigles qui tant de fois les avaient conduits à la victoire. L'empereur apaisa heureusement cette révolte, et se dirigea vers Bâle. Les talens militaires que Julien l'Apostat déploya dans cette expédition lui valurent d'arriver à l'empire quelque temps après.

Je voudrais maintenant raconter comment à ce camp romain succéda un hameau, puis une petite ville appelée *Cabeolum ;* dire son accroissement et ses diverses phases d'infortune et de prospérité ; mais, jusqu'au moyen-âge, un voile mystérieux, impénétrable, s'étend sur ses destinées et sur le rôle qu'elle a pu jouer. *Cabeolum* est resté enseveli dans le sépulcre de l'oubli jusqu'au XIIIe siècle, et aucun titre antérieur ne nous offre le moyen de remplir une si grande lacune. Comme toutes les villes anciennes, dont l'existence a vu passer les Romains, les Bourguignons, les Francs, les Sarrasins, puis des souverains particuliers, puis des ducs, des comtes, la petite cité était tantôt soumise aux lois d'un vainqueur, et vivant de cette vie passive qui se résume par ces deux mots : résignation et travail ; tantôt déchirée par les guerres interminables de seigneurs à seigneurs, et exploitée selon leurs besoins capricieux, qui toujours entraînaient pour elle la servitude et la souffrance.

L'absence de ces grandes ruines qui nous révèlent un passé glorieux, comme aussi la privation de tout document historique, nous font croire que son existence s'écoula obscure et cachée, qu'elle n'a jamais été le théâtre de ces actions éclatantes qui se transmettent de génération en génération, sans s'oublier jamais. Cependant, comme

lu dans Ammien-Marcellin *Cabillonum* (Châlons), et non *Cabeolum* (Chabeuil). Cette version ne détruirait pas entièrement le fait de la présence des troupes de Constance dans Chabeuil, car ce prince séjourna fort long-temps à Valence, attendant des provisions de l'Aquitaine.

tout bourg, toute agglomération, elle a dû payer son tribut de sang et de destruction aux guerres qui ont désolé nos contrées avant le moyen-âge.

Le premier seigneur de Chabeuil dont il est fait mention dans les cartulaires et les archives de la province du Dauphiné, avait nom Gontard; il vécut à la fin du XIIe siècle et au commencement du XIIIe. C'est lui probablement qui a donné son nom à cette partie du coteau au pied duquel s'élève Chabeuil, et qu'on appelle encore aujourd'hui les *Gontardes*.

Grâce à la munificence de Frédéric Ier dit *Barberousse*, les évêques de Valence jouissaient alors des droits de souveraineté sur Valence, Charpey, Montélier, Alixan, Montvendre, Monteléger, la Baume, Fiancey, Livron, Loriol, Châteaudouble, Etoile, Allex, Saou; mais ils avaient souvent à lutter contre des vassaux rebelles et désireux de l'indépendance. Les habitans mêmes de la ville épiscopale, qui auraient dû voir cette autorité entre les mains de leur premier pasteur avec plus de plaisir qu'ils ne l'avaient vue en des princes étrangers, la souffraient avec peine, et plus d'une fois ils prirent les armes pour la lui enlever. Humbert de Mirabel, successeur d'Odon, sut faire valoir ses droits, et apaisa avec beaucoup d'habileté les troubles que l'exercice de la souveraineté avait excités dans le Valentinois. Bien qu'il eût été élevé dans la solitude de la Grande-Chartreuse, il contint dans le devoir ses sujets remuans, et conserva, tantôt par les armes, tantôt par la voie des négociations, l'autorité temporelle attachée à son siége. La défaite du puissant et valeureux Gontard, seigneur de Chabeuil, en est une preuve bien convaincante. Humbert l'avait sommé plusieurs fois de lui rendre hommage pour sa terre de *Copium* et celle de *Volpilleria;* celui-ci avait toujours répondu par le refus, prétendant que ces deux terres étaient allodiales et ne relevaient point de son fief. C'était plus qu'il n'en fallait pour allumer la guerre, car alors tout seigneur froissé dans ses prétentions en appelait à son épée, et les

armes tenaient lieu de tribunaux. Gontard en outre avait
établi dans le Valentinois un péage à son profit, dont il
retirait rigoureusement tous les revenus, malgré les pro-
testations et les menaces de l'évêque de Valence. Alle-
mand Dupuy, seigneur de Montbrun, faisant transporter
quelques meubles de Peyrins à Montbrun, fut lui-même
victime des exactions de Gontard; ses chevaux furent
arrêtés, et on ne les relâcha que lorsqu'il eut payé les
droits du péage.

Avec de pareils griefs, la paix ne pouvait subsister entre
les deux voisins. Gontard, dont le caractère ne savait se
plier à un acte de soumission, n'était point effrayé par la
perspective d'une guerre; il espérait affermir ses droits,
et peut-être augmenter sa puissance, en brisant celle de
son adversaire. Les négociations furent donc rompues, et
les deux partis se mirent en mesure de soutenir leur cause.
Artaud de Roussillon, Eymard de Bressieux, Durand,
Osasicca Flotte, frère de Raymond Bérenger, prince de
Royans, seigneurs de la plus haute condition, se firent les
alliés de Gontard, et armèrent pour sa défense. L'évêque
de Valence, n'osant pas demander du secours à ses voisins,
qu'il savait lui être hostiles, chercha des alliés dans l'Auvergne et le Vivarais. Bertrand de Chalancon, évêque du
Puy; Giraud Bastet, seigneur de Crussol, et Guigues, seigneur de Tournon, firent alliance offensive et défensive avec
lui. Cependant, comme il se défiait de ces deux derniers, il
leur donna la terre de Charmieu et celle de Drumstal; en les
comblant de bienfaits, il s'assurait plus efficacement de
leur fidélité, et les enchaînait pour toujours à ses destinées. Leurs troupes se réunirent aux siennes, et il se
trouva assez fort pour attaquer. Les soldats de Gontard
soutinrent vivement le premier choc; mais bientôt, cédant
au nombre, ils plièrent, se débandèrent, puis coururent
se réfugier dans Chabeuil. Les troupes épiscopales, ani-
mées par le succès, se mirent à leur poursuite, et péné-
trèrent avec eux dans la ville. Gontard, voyant que tout
était désespéré, se battit comme un héros et fit des prodiges

de valeur. Ses troupes, électrisées par son exemple, l'entourèrent et le défendirent vaillamment. Tant de courage, tant de dévouement, ne purent le sauver; il fut fait prisonnier, mais il avait vendu chèrement sa liberté, et lui aussi aurait pu dire, avec un noble sentiment d'orgueil : « Tout est perdu fors l'honneur ! » Ceux de ses soldats qui n'avaient pas voulu demander leur salut à la fuite, furent taillés en pièces, et bien grand fut le nombre des morts. Humbert victorieux reprit le chemin de la ville épiscopale; il y entra accompagné de tous les chefs qui avaient commandé l'expédition, et traînant à sa suite le pauvre Gontard. A voir cette marche triomphale, on eût dit un général romain montant au Capitole, suivi des rois qu'il avait vaincus (1202).

Après quelques jours d'une honteuse captivité, de nobles et puissans personnages intercédèrent pour lui, et firent un appel à la générosité de l'évêque. Voici le discours que le père Columbi met dans la bouche du prélat vainqueur, lorsqu'il remit en liberté son prisonnier de guerre[1] : « Si je vous rends la liberté, remerciez-en le Dauphin, » remerciez-en le comte de Montfort[2], qui m'ont de- » mandé grâce pour vous. Leur recommandation a pré- » valu sur votre perfidie. Pour vous punir, j'aurais dû » retenir une partie de vos terres; mais je consens qu'elles » vous soient rendues, et désormais regardez-les comme » un monument de la bonté et de la charité de l'église à » votre égard, et ne laissez plus enfler votre cœur à la » considération de votre naissance, de vos richesses et » du courage de vos troupes. Je vous demande une seule » chose, c'est que de la hauteur sur laquelle votre ville » de Chabeuil est située, vous jetiez quelquefois les yeux » sur celle de Valence : cette vue vous sera utile, et vous

---

[1] CHORIER, tome II. — *Antiquités de l'église de Valence,* par Monseigneur CATELLAN.

[2] Simon de Montfort s'était rendu à Valence pour prendre le commandement de l'armée destinée à combattre les Albigeois.

» rappellera le souvenir de la punition que vous vous êtes
» attirée par votre rebellion, comme aussi celui du pardon
» que l'église vous a accordé. »

Gontard, humilié de sa défaite, ne songea plus à inquiéter l'évêque dans l'exercice de ses droits. Le 3 no-
vembre 1206, il rendit hommage à Guigues VI, dauphin
de Viennois et comte d'Albon, pour le château qu'André,
dauphin, lui avait donné en fief, avec cette clause cependant qu'il le rendrait à la première demande et sommation
dudit dauphin ou de ses successeurs. Gontard mourut
quelques années après. Albert et Lambert, ses neveux,
lui succédèrent; mais il ne jouirent pas long-temps de la
plénitude de la souveraineté sur Chabeuil, car le dauphin
Guigues fit valoir ses droits sur le château, et ceux-ci,
conformément à la clause du contrat, lui en rendirent les
clefs, et lui prêtèrent hommage de vassalité pour les
terres et le mandement de Chabeuil. Par suite de ce changement, la bannière des seigneurs particuliers de Chabeuil
fut retirée au mois de mai 1247, et l'on ne vit plus flotter
sur les murs que l'étendard des Dauphins.

La maison abbatiale de Saint-Ruf d'Avignon, transférée
depuis un siècle à Valence, où elle prospérait à l'abri de
la fureur des Albigeois, qui mettaient tout à feu et à sang
dans le Comtat, avait acquis des propriétés dans les environs, et notamment dans le mandement de Chabeuil.
Lambert, par un acte passé le 3 juin 1260, confirma à
l'abbé de Saint-Ruf et à tous ses successeurs ce qu'il avait
ou pourrait avoir par donation et acquisition dans ses
terres. Celui-ci, en reconnaissance de cette confirmation,
qui alors n'était pas sans avantage, donna à Lambert un
bœuf pour labourer, lui prêta hommage pour les propriétés
du monastère situées au mandement de Chabeuil, et dé-
clara qu'elles relevaient du fief du seigneur de Chabeuil.

La terre de Pizançon était un fief de l'église de Romans;
cependant Lambert et Silvion de la Roche-de-Glun pré-
tendaient en être les seigneurs. Ils s'étaient partagé le
château, le domaine et les possessions de cette terre;

mais bientôt des motifs d'intérêt les désunirent et rompirent une harmonie qu'avaient établie depuis long-temps des rapports de voisinage et des droits communs. Dans l'année 1274, ils en vinrent aux mains et assiégèrent le château l'un de l'autre; car ils avaient si bien fortifié la portion qui leur était échue en partage, que d'un château ils en avaient fait deux. Guy d'Auvergne, archevêque de Vienne, voulant arrêter ces désordres, leur opposa son autorité, car il était abbé de Romans, et, en cette qualité, seigneur supérieur : il leur enjoignit de lui remettre leurs places, alléguant la loi du fief rendable qui pesait sur eux en cette occasion, puisqu'il s'agissait de sauver d'une ruine entière le château et la terre de Pizançon. Silvion, qui n'espérait pas triompher de son adversaire, se rendit de bonne grâce aux ordres de l'archevêque. La bannière de l'église et du chapitre de Romans fut plantée sur une des tours du château, et l'abbé de Saint-Félix de Valence fut chargé de la garder. Quant à Lambert, qui se piquait de plus de bravoure, pour ne pas tomber dans la lâcheté, dit Chorier, il tomba dans la félonie : bien loin d'imiter Silvion dans sa soumission, il assiégea l'autre partie du château, s'en empara et en chassa les gens de l'archevêque et du chapitre. L'archevêque, indigné de cette audace, dépouilla Lambert de son fief, en le déclarant tombé en commis, et le donna à Humbert, baron de la Tour-du-Pin. Quelques jours auparavant, il avait pris l'engagement devant le chapitre de reprendre à ses frais le château de Pizançon, que Lambert paraissait vouloir conserver et défendre envers et contre tous. Le chapitre avait accueilli sa proposition, et lui avait permis, s'il s'emparait de la place, de la garder jusqu'à ce qu'il eût couvert tous les frais que la guerre allait lui occasionner; mais, comme, pour donner un terme à cette possession, on voulait fixer les frais à une somme déterminée, on ne put s'entendre, et l'archevêque retira son engagement. Ce fut alors que, désespérant de soumettre son rebelle vassal, il céda la terre de Pizançon à Humbert, qui, plus tard, devint Dau-

phin de Viennois sous le nom de Humbert Ier. Mais cet
acte, imposé par les circonstances, ne changeait pas l'état
des choses. Lambert était toujours maître du château, et
les hostilités allaient recommencer, lorsque tout-à-coup
une maladie vint le frapper. La souffrance brisa son
courage et ses résolutions : bientôt il connut qu'il allait
mourir; cette pensée fit ouvrir son cœur à d'autres senti-
mens et le disposa à la paix; il accorda à l'archevêque,
en sa qualité d'abbé de Romans, tout ce qu'il lui avait
refusé jusque-là, et, pour que la réparation des torts qu'il
avait à se reprocher fût pleine et entière, il lui remit le
château de Chabeuil, avec pouvoir de le garder jusqu'à
ce que les juges de sa cour épiscopale fussent saisis des
actes de félonie que lui Lambert et ses ancêtres avaient
pu commettre, à différentes époques, envers l'église de
Romans. Il mourut quelques mois après, et fut enseveli,
selon ses intentions, dans le cimetière du prieuré de Saint-
Jean de Chabeuil, auprès de Béatrix, son épouse. Comme
il ne laissait point d'enfans, il institua pour ses héritiers
ceux de ses parens qu'il affectionnait le plus, Aynard de
Châteauneuf et Alix, sa nièce; celle-ci était fille de Gélis
de Chabeuil, et avait épousé Pierre de Peloux, seigneur
de Rochefort. Tous deux traitèrent avec Humbert, et re-
noncèrent aux droits qu'ils avaient sur le château et la
terre de Pizançon. L'acte de donation fut écrit et signé
devant l'église de Cornillon.

L'histoire ne nous dit rien des autres faits et gestes du
successeur de Lambert. Il fut le dernier seigneur de Chabeuil. A sa mort, les Dauphins entrèrent en possession de
cette importante seigneurie [1]. Cependant elle tomba mo-
mentanément au pouvoir d'Aymar de Poitiers, comte de
Valentinois. Anne, épouse d'Humbert Ier, lui avait engagé
le château de Chabeuil et celui de Roche-Plane, pour la

---

[1] Tout le territoire compris entre l'Isère et le Lez appartenait soit
aux seigneurs de Chabeuil, soit aux évêques de Valence, soit enfin à
la famille Adhémar.

somme de 2,000 livres tournois : ce traité fut ratifié par Humbert ; mais quelques mois après, en juillet 1287, il fit rentrer Chabeuil dans ses domaines, en rendant au comte de Valentinois la somme qu'il avait avancée à son épouse. En 1291, il racheta au chapitre de Valence quelques anniversaires que les seigneurs de Chabeuil avaient autrefois fondés à Saint-Apollinaire ; puis, entraîné par son goût pour la solitude, peut-être guidé par le pressentiment de sa mort prochaine, il se retira, en 1306, à la Chartreuse du Val-de-Sainte-Marie, près de Saint-Jean-en-Royans[1]. En ces temps de trouble et d'anarchie, il n'était pas rare de voir des têtes couronnées, de puissans princes, prendre en pitié les gloires de ce monde, et chercher un refuge dans la paix du cloître.

Jean II, son fils, lui succéda. Sous ce prince, plusieurs familles reconnaissent tenir en fief du Dauphin toutes les propriétés qu'elles avaient à Chabeuil, et s'obligent à défendre le château en cas de siége, ou à y tenir un homme armé. Cet hommage de vassalité était renouvelé en temps et lieu, selon la volonté du Dauphin. Plus tard, le Dauphiné ayant été réuni à la couronne de France, c'était à la chambre des comptes qu'on prêtait foi et hommage, et cette cérémonie avait lieu toutes le fois qu'on acquérait des fonds et des rentes à Chabeuil.

Jean II se montra généreux et libéral à l'égard de ses sujets ; son désir était de les rendre heureux et d'alléger leurs charges. Les habitans de Chabeuil, qu'il affectionnait particulièrement, reçurent de lui une charte datée d'Avignon le 10 janvier 1314, par laquelle il leur octroyait des franchises, libertés, priviléges, etc. Déjà, dans un autre acte, il les avait autorisés à faire servir les revenus du *vingtain* aux fortifications de la ville : cette concession avait alors un grand prix ; car, en réparant leurs murs, ils se mettaient à l'abri d'un coup de main, d'une attaque subite. La charte de Jean doit trouver sa place ici, et

[1] Ce monastère avait été fondé en 1144 par Guigues V.

c'est avec empressement que je vais transcrire les articles
qui la composent.

« PRIVILÉGES, IMMUNITÉS, FRANCHISES ET LIBERTÉS ACCORDÉES
» AUX HABITANS DU CHATEAU,
» DE LA VILLE ET DU MANDEMENT DE CHABEUIL.

» Nous, Jean, dauphin de Viennois, comte d'Albon et
» seigneur de la Tour-du-Pin, à tous ceux qui le présent
» privilége verront, avec connaissance de la chose, salut.
» Sache votre *université* que nous, désirant l'utilité et le
» bien de nos sujets et *hommes* de notre château de
» Chabeuil et de ceux qui demeurent dans son mandement;
» pour nous, pour nos successeurs universels et parti-
» culiers, donnons et avons concédé à perpétuité, main-
» tenant et pour l'avenir, à tous les habitans de notre
» château de Chabeuil et à ceux de son mandement,
» pleines et parfaites libertés, franchises et immunités,
» selon qu'elles sont contenues ci-dessous :

I

» Et d'abord voulons et accordons qu'ils soient libres
» et exempts de toute taille, exaction, corvée, complainte,
» recherche domiciliaire (*quœsta*), contrainte, œuvre,
» manœuvre, de toute charge et charroi; que chacun
» d'eux soit exempt de donner ou porter ou faire porter
» en aucun lieu du foin ou de la paille.

II

» De même nous voulons et concédons que les biens et
» héritages de tous les *hommes* qui habitent notre château
» de Chabeuil ou dans son mandement, décédant *ab*
» *intestat*, sans fils ou sans filles, reviennent à leurs
» proches parens; mais, s'ils ont fait testament, codicille
» ou codicilles, ordination ou ordinations, donation ou
» donations de leurs biens, que ce testament, que ces
» codicilles, que ces ordinations et donations aient leur

» valeur; que notre châtelain de Chabeuil, ou tout autre
» de nos officiers, ne fasse aucune saisie sur les biens et
» héritages des décédans et ne perçoive aucun droit.

III

» De même nous voulons et statuons que ceux qui
» seront trouvés ayant de faux poids, de fausses mesures,
» vendant en détail du vin ou de l'huile, paient sept sous
» pour le ban, et trente sous, si ce sont d'autres mesures
» et d'autres poids.

IV

» De même voulons et statuons que, si une personne
» mariée est saisie en adultère, elle paie 30 sous pour
» le ban; si elle est libre, elle ne sera tenue à rien.

V

» De même voulons et concédons que nos susdits *hommes*
» ne puissent être contraints de venir qu'à nos propres
» chevauchées, sans qu'il soit en notre pouvoir de les
» employer pour autrui, et nous sommes tenus, par nous
» et par notre châtelain, de pourvoir à leurs frais et
» dépenses pendant les huit premiers jours; les huit jours
» étant expirés, tant qu'ils seront à notre service, et
» qu'ils assisteront à nos chevauchées, les frais seront
» supportés par eux.

VI

» De même voulons et concédons que les *hommes* habi-
» tant audit château de Chabeuil, ne soient point tenus
» d'assister à nos états ou à ceux d'un autre, ni d'y con-
» tribuer en quoi que ce soit.

VII

» De même voulons et concédons que tous les biens et
» possessions qui sont dans le mandement de Chabeuil, et
» tenus par nous ou par un autre, sous la cense annuelle

» ou sous le *plaict* de merci, à la mutation de chaque
» nouveau seigneur ou possesseur, soient, demeurent
» comme avant sous ladite cense annuelle et sous le
» *plaict* du double seulement de la cense, à la mutation
» de chaque nouveau seigneur ou possesseur. Mais si ces
» biens étaient vendus, nous nous réservons à nous, à
» nos successeurs et à ceux dont ils dépendront, le trei-
» zième denier seulement qui sera payé par l'acheteur.

VIII

» De même voulons et concédons à tous ceux qui auront
» des biens dans le château de Chabeuil ou dans son
» mandement, que, sans notre consentement et réquisi-
» tion, sans celui de nos châtelains de Chabeuil, ils
» puissent vendre ces biens ou les aliéner de la manière
» qu'ils voudront, en nous payant cependant à nous ou à
» notre châtelain de Chabeuil, ou à ceux dont ces biens
» dépendraient, le treizième denier seulement; ils seront
» tenus, aussitôt qu'ils auront reçu la dévestiture, d'en
» investir l'acheteur sans délai.

IX

» De même voulons et concédons que les biens, les
» possessions feudales et arrière-feudales, franches et
» libres, demeurent dans leur ancienne liberté comme
» autrefois.

X

» De même voulons et concédons, promettons et ordon-
» nons, que, par nous et notre cour, il ne soit levé et
» exigé, pour la clause et la date faite en présence de notre
» juge, que deux sous par livre, jusqu'à concurrence de
» trente sous et non au-delà; voulons aussi que ladite
» clause ou date ne soit levée et exigée par les officiers
» de notre cour de Chabeuil, que lorsqu'il aura été satisfait
» au plaignant.

XI

» De même statuons et ordonnons que les *hommes* du
» château de Chabeuil, de son mandement, que les habi-
» tans ou ayant domicile dans notre terre, jurisdiction et
» district, ne soient point tenus à nous payer le péage,
» la gabelle, la leyde, pour toutes les choses qu'ils porte-
» ront, conduiront, ou qu'ils feront porter et conduire
» en leur nom par notre terre.

XII

» De même voulons et concédons que s'il arrive que
» quelqu'un des habitans du château de Chabeuil ou de
» son mandement, veuille transporter lui et ses biens
» dans un autre lieu, nous devons le garder, le conduire,
» le défendre lui et ses biens, durant trois jours et trois
» nuits.

XIII

» De même voulons et concédons aux mêmes *hommes*
» que, pour aucun contrat, pourvu qu'ils soient prêts ou
» qu'ils se chargent d'être prêts à se présenter devant
» notre cour, ils ne puissent être chassés de leurs maisons,
» ni être arrêtés pour cause de délit, à moins qu'ils ne
» soient de ceux qui ne peuvent être reçus *fidéjusseurs*.

XIV

» De même voulons et statuons que les habitans du
» château de Chabeuil et de son mandement se servent
» de la mesure du blé, vin, huile et autres choses
» vendables, du poids, de l'aune, comme il a été fait
» jusqu'ici audit château de Chabeuil.

XV

» De même voulons et concédons, pour nous et nos
» successeurs, que nous ne puissions recevoir ou faire
» prendre du blé, du vin, des poules, des chapons ou

» poulets, ni autres denrées, si ce n'est au prix compétent,
» courant et légal, lorsque nous serons présens et séjour-
» nans au château de Chabeuil. Nous voulons et concédons
» qu'aucun de nos officiers ou *mayniers*, en notre absence,
» ne puisse ni ne doive recevoir ou faire prendre les
» choses mentionnées ci-dessus, si ce n'est avec le con-
» sentement du propriétaire.

XVI

» De même voulons et concédons auxdits *hommes* qu'il
» ne puisse leur être imposé pour peine qu'une amende
» de trois sous et demi par le châtelain ou par son *maynier,*
» par le *veyer* ou par son *maynier* spécial ; nous entendons
» que ladite peine, pour un seul délit, ne puisse être
» appliquée qu'une fois.

XVII

» De même voulons et concédons que pour une saisie
» faite, il ne soit levé et exigé que cinq sous.

XVIII

» De même voulons et concédons que notre ban du vin,
» chaque année, dure depuis la fête de tous les Saints
» jusqu'à la nativité de Notre-Seigneur.

XIX

» De même voulons et concédons que les *hommes* du
» château de Chabeuil qui avaient promis de donner
» et de fournir cent livres des biens venant du *vingtain*
» et de la clôture du lieu, soient désormais quittes et
» exempts de la prestation des cent livres.

XX

» De même voulons et concédons à tous les habitans
» et à tous ceux qui ont maison dans ledit château de
» Chabeuil ou dans son mandement, qu'eux et leurs

» biens quels qu'ils soient, en quelque lieu qu'ils les
» aient, soient sous notre sauvegarde et conduite, et
» qu'ils jouissent, qu'ils usent des libertés susdites.

XXI

» De même nous voulons et concédons qu'aucun juge
» ou châtelain ne soit reçu pour juge ou châtelain,
» qu'aucun habitant ne soit tenu de lui obéir, qu'il n'ait
» au préalable juré de tenir, d'observer, de garder invio-
» lablement lesdites libertés, franchises et immunités;
» lesquelles libertés, immunités, franchises, ayant fermes
» et agréables, nous promettons, pour nous et nos
» successeurs ou possesseurs de nos biens, de les avoir
» perpétuellement à gré, de les garder, de les observer
» inviolablement, de ne jamais y contrevenir de droit ou
» de fait, par nous ou par autre personne interposée;
» nous promettons pour nous et nos successeurs, par
» solennelle stipulation, que nous fortifions par notre
» serment corporellement prêté, renonçant, pour nous et
» nos successeurs, de science certaine, à l'exception de
» dol, crainte et actions en fait, et à l'exception de
» délibération, absolution, pactions et conventions sus-
» dites et non légitimement faites, à la condition sans cause
» ou pour injuste cause, à tout privilége, à toute excep-
» tion, circonvention, lésion, révocation, grief, erreur
» de liberté, immunités, franchises ainsi que dessus, et
» non légitimement concédées, à tout autre droit tant
» canonique que civil publié ou à publier, par lequel ou
» par lesquels nous puissions enfreindre les choses sus-
» dites, en tout ou en partie, par nous ou par d'autres à
» l'avenir, faire ou faire faire, et au droit indiquant que
» la renonciation générale ne vaut, si la spéciale ne pré-
» cède les choses susdites générales et singulières ainsi
» que dessus exprimées par la teneur des présentes.

» Nous mandons, enjoignons et ordonnons en meil-
» leure forme que faire se peut à nos baillis, juges,
» châtelains, mistraux et autres qui seront à l'avenir,

» que, s'ils veulent mériter notre amitié et éviter notre
» indignation, ils maintiennent, conservent, gardent nos
» *hommes* de Chabeuil, leurs héritiers, leurs successeurs,
» leurs biens tant meubles qu'immeubles qu'ils ont ou
» qu'ils auront, dans les susdites libertés, immunités et
» franchises, contre tous ceux qui voudraient les molester
» ou les inquiéter en quelque chose; et comme nous
» avons à cœur d'observer inviolablement à l'avenir les-
» dites franchises et immunités, et qu'il pourrait arriver
» qu'à cause de diverses occupations, ou par les sugges-
» tions de quelques-uns, nous fussions portés à les
» enfreindre, nous ne voulons pas, s'il émanait de nous
» à l'avenir des lettres ou un ordre qui leur fussent
» contraires, qu'on fasse droit à ces lettres ou à cet ordre.
» Cet acte a été fait à Avignon, dans la maison de
» maître Hugues Bermond, l'an du Seigneur mil trois
» cent quatorze, et le dixième de janvier. En témoignage
» et en force de quoi, nous avons ordonné être apposé
» notre sceau à ce présent privilége.
» Les présentes ont été expédiées et lues en présence de
» vénérable *homme* prieur de Saint-Vallier, de noble
» Hugues de Comiers, de noble Hugues Dupuy, de noble
» Etienne de la Poype, chevaliers; de noble Humbert
» Claret, de noble Jean d'Hyères, notre chapelain; d'André
» Supi, d'Albertin, notaire; de Jacquemet de Clara. »

Ces priviléges, accordés par statut spécial aux habitans
de Chabeuil, par très-auguste, valeureux, magnifique et
généreux prince monseigneur Jean, dauphin de Viennois,
comte d'Albon et seigneur de la Tour-du-Pin, furent con-
firmés dans la suite par Humbert II, Louis XI, Charles
VIII, Henri III, et enfin Henri IV, à l'occasion de quelques contestations qui s'étaient élevées entre les fermiers
de la leyde de Crest et les habitans de Chabeuil. Ceux-ci,
conformément à la charte de Jean II, refusaient de payer
les droits de leyde pour les grains qu'ils vendaient et por-
taient à Crest. Un procès s'en suivit; mais la cour de

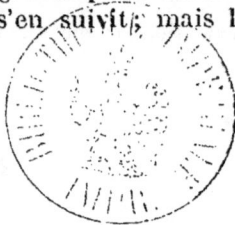

2

Grenoble maintint l'exemption en faveur des habitans de
Chabeuil, et condamna les fermiers le 13 mars 1606.

Une charte semblable fut accordée la même année à la
ville de Nyons, et M. Delacroix, dans sa *Statistique*, la
signale comme une des plus anciennes du département.
Pourquoi n'a-t-il point parlé de celle de Chabeuil, qui
date de la même époque et émane du même Dauphin ?

Les religieux de Saint-Ruf eurent aussi leur part de ses
bienfaits. Effrayés par les guerres que se faisaient alors
l'évêque de Valence et le comte de Valentinois, ils
eurent recours à Jean, qui était le prince le plus puissant
des environs. Le Dauphin, n'écoutant que sa générosité,
et ne craignant pas d'augmenter le nombre de ses ennemis,
les reçut, eux et leurs biens, sous sa sauvegarde; et le
9 mars 1315 il accorda à leur abbé la permission de faire
paître le bétail sur tout le territoire du mandement de
Chabeuil, et d'élever dans le château [1] une maison qu'il
tiendrait en fief franc du Dauphin, sans servitude aucune.

Comme on l'a vu, Aynard de Châteauneuf fut le dernier seigneur de Chabeuil. Le dauphin Humbert se fit
représenter par un châtelain, auquel étaient confiées la
perception des revenus de cette seigneurie et toute l'administration intérieure. Ce magistrat, nommé tous les deux
ou trois ans, exerçait une grande autorité sur le château
et ses dépendances : pendant la guerre, il veillait à la sûreté
publique et disposait à son gré de la milice; il participait
aux jugemens de la grande cour de justice de Chabeuil;
la connaissance des affaires contentieuses où il ne s'agissait pas de plus de soixante sols lui était réservée exclusivement; il passait les baux à ferme au nom du Dauphin,
faisait payer les droits seigneuriaux, et représentait la ville
et la communauté. La dignité de châtelain était toujours
confiée aux nobles du plus haut rang. Lorsqu'on lui eut
adjoint deux consuls, il recevait leur serment, et présidait
les assemblées générales et particulières. Au dernier siècle,

---

[1] Ici, par extension, ce mot signifie *ville, lieu habité*.

il était juge ducal et prenait quelquefois le titre de premier capitaine châtelain de la province. M. Lacroix-Saint-Pierre a été le dernier châtelain; en lui s'est terminée cette longue chaîne de magistrats qui avaient présidé pendant quatre cents ans aux destinées de Chabeuil.

Je vais transcrire en entier le compte de la châtellenie delphinale de Chabeuil, rendu en 1313 par Joffrey Daves, châtelain; il ne contribuera pas peu à nous donner l'intelligence des charges qui pesaient sur la communauté, et à dévoiler le secret de son organisation et de sa vie intérieure. Envisagé à ce point de vue, ce compte n'est pas sans intérêt.

82 sétiers de froment de cense.

50 sétiers 1 émine de froment provenant du moulin.

17 sétiers d'avoine de cense.

27 sétiers d'avoine des moulins.

17 sommées de vin. (La sommée valait 2 sétiers.)

46 poules.

27 lapereaux.

1 livre de poivre.

1 livre de cire.

111 livres 16 sous de cense.

144 livres du péage et de la leyde.

305 livres de la ferme du four.

79 livres 4 sous de la ferme des *paquérages*.

60 livres de la cazanne de Chabeuil.

98 livres 8 sous du ban de vin.

20 livres 4 sous 10 deniers des menus bans.

73 livres de la ferme des conils (lapins).

28 livres 16 sous des clames.

10 livres 2 sous de plaicts.

112 livres 16 sous de judicatures.

8 livres des compositions.

Le compte des revenus de 1344, rendu par Bastard de Luange, offre une particularité qui mérite d'être relevée : « 2 sous 6 deniers provenant des adultères. » Cette amende, imposée à ceux qui se rendaient coupables d'adultère, est bien légère sans doute, mais n'est-elle pas plus morale, plus chrétienne, que la punition qu'on leur infligeait à la même époque dans quelques villes du Languedoc? Assurément les mœurs à Chabeuil étaient moins corrompues qu'à Toulouse, et cette grande ville aurait bien pu lui envier son code et ses réglemens!

Le compte des années suivantes renferme de plus :

6 livres de fromage de la redevance de l'abbé de Lioncel [1].

45 florins provenant des condamnations.

101 poulets 3/4.

34 sous de l'abbé de Saint-Ruf.

7 florins du sceau de la cour.

8 florins du notariat.

27 livres 10 sous des assises de la judicature.

En citant les revenus des Dauphins et les charges qui pesaient sur Chabeuil, je me dispense de tout commentaire ; je laisse à chacun le soin de juger le moyen-âge et de le comparer au temps actuel. Comme le numéraire était rare, la ferme du four delphinal, du moulin, de la chasse, du péage, etc., les rentes et censes, les paiemens, tout à-peu-près consistait en sétiers de froment, de seigle, d'avoine, en sommées de vin, en trousses de foin, en volaille par entier et par fraction. L'examen des registres de Saint-Marcelin, qui contiennent les hommages prêtés aux Dauphins, pour biens, rentes et censes à Chabeuil, ne laisse aucun doute là-dessus. Dans les comptes que le châtelain rendait chaque année, il n'est fait mention que d'un four, qui s'appela d'abord *delphinal*, et puis *banal;* mais il en existait un grand nombre dans le mandement, et la permission d'en construire s'obtenait facilement, toujours, il est vrai, avec la charge de payer une légère rente, au profit du Dauphin, en grains ou en deniers. Toutefois, ce n'est qu'en 1668 que les habitans de Malissard eurent des fours ; la chambre des comptes leur imposa une amende de 10 livres en faveur du fermier du four banal de Chabeuil.

[1] L'abbaye de Lioncel, dans le canton de Chabeuil, fut fondée en 1137 par le dauphin Guigues IV.

Au commencement du XIVᵉ siècle, le commerce de Chabeuil était entre les mains des juifs. Ce peuple, persécuté et chassé des grandes villes, se réfugiait dans les campagnes, où il trouvait un peu de tranquillité. On sait le massacre qu'on en a fait à plusieurs époques de notre histoire. Mais là encore un anathême pesait sur lui, et il était regardé comme un peuple de parias ; car on ensevelissait les juifs bien loin de la cité, dans un cimetière particulier. A Chabeuil, il était sur le chemin du Monestier ; à Valence, non loin de l'hôpital. On ne saurait assigner une date précise à la fondation de cet établissement de charité, où l'on recueillait probablement les lépreux ; toujours est-il qu'il existait au commencement du XIVᵉ siècle ; il était bâti sur la rive droite de la Véoure. Ce quartier s'appelle encore aujourd'hui *Hôpital*.

La tranquillité dont jouissaient les juifs à Chabeuil y avait attiré plusieurs familles, qui, ayant embrassé l'hérésie des Albigeois, furent proscrites du Comtat et du Languedoc[1]. On ne les inquiéta point pendant de nombreuses années, soit parce que ces hérétiques étaient en petit nombre, soit parce que leur existence était entourée d'obscurité. Cependant un canon du concile de Valence, tenu en 1248, prescrivait à tous les hérétiques de porter un habit particulier, sur lequel était une croix. Ceux de Chabeuil ne s'y étaient point conformés ; mais, l'an 1330 environ, deux cordeliers de Valence, Catalan Fabri et Pierre Pascal, nommés inquisiteurs par une bulle de Jean XXII, se rendirent à Chabeuil, pour faire exécuter les décrets du concile : ils trouvèrent de la part des hérétiques une vive résistance ; menaces, prières, exhortations, tout fut inutile. Alors, ne pouvant remplir leur mission sans exposer leur vie, ils se retirèrent au prieuré de Saint-Jacques de Montélier. Les Albigeois, qui les avaient poursuivis, forcèrent

---

[1] Montvendre, Barcelonne, Châteaudouble, Alixan, devinrent aussi un refuge pour les Vaudois.

cet asile et les massacrèrent[1]. Cet événement eut lieu sous Guigues VIII, car Jean était mort en 1318. A Guigues succéda, en 1333, le dauphin Humbert II, surnommé ~~.....................~~

Les comtes de Valentinois, qui avaient fait la guerre aux évêques de Valence, tantôt pour étendre leur domination, tantôt pour satisfaire une humeur guerrière, se virent contraints de plier sous la puissance des Dauphins. Longtemps il savaient refusé de prêter foi et hommage; mais le 25 avril 1338, Humbert, s'étant rendu en son château de Chabeuil, reçut le serment de fidélité de Louis 1er, comte de Valentinois, en présence d'Albert, seigneur de Sassenage, de Louis de Poitiers, d'Amédée de Poitiers et de Guigues de Morges, seigneur de l'Espine[2]. Le lendemain, comme il se disposait à quitter Chabeuil, le Dauphin voulut laisser à ses habitans un souvenir de sa visite, et la marquer par une gracieuseté : il leur accorda la permission de faire paître leurs bestiaux dans tous ses biens, moyennant dix sétiers de froment, les autorisant à prélever une amende sur les étrangers qu'ils saisiraient dans ses *paquérages*. De Chabeuil, il se dirigea vers le Royannais, et soumit à sa vassalité le marquisat de Pont-en-Royans, qui était composé de vingt-cinq communes. C'est ainsi que le domaine des Dauphins allait s'agrandissant chaque jour.

Sept ans après, Chabeuil reçut encore dans ses murs un

[1] *Antiquités de l'église de Valence.* — Vers l'an 1496, il y avait encore beaucoup de Vaudois à Chabeuil et dans les environs. Jean d'Espinay, évêque de Valence, voulant combattre cette hérésie, envoya d'abord sur les lieux Christophe de Saillans, son vicaire-général, qui destitua tout ce qu'il y avait de magistrats hérétiques, puis des missionnaires pour instruire les paroisses dans lesquelles se trouvaient les Vaudois. Plus tard, le souverain pontife, sur sa demande, ordonna à Monet du Roi de Saint-Mamans et à Antoine Fabre, chanoine d'Embrun, de faire une enquête sur les Vaudois. Le hameau des Faucons, près de Chabeuil, tire probablement son nom des *Faucons* albigeois, qui vivaient à la campagne et s'occupaient d'agriculture.

[2] CHORIER, tome II.

personnage distingué : c'était l'époque de la guerre dite *des Episcopaux,* époque sanglante et désastreuse pour quelques villages du canton de Chabeuil et du comté de Valentinois. L'évêque de Valence, Pierre de Chatelus et Aymard V se faisaient une guerre à outrance : l'archevêque de Vienne, touché des maux qui accablaient une partie de sa province, se rendit à Chabeuil pour réconcilier les deux partis, ou les amener à une suspension d'armes. Mais ses offres de médiation ne furent point acceptées; on ne voulait point de son ministère de paix. Du haut des tours du château, où il logeait, il put voir, pendant la nuit l'embrasement du village de Barcelonne : c'était l'œuvre des troupes de son suffragant[1].

Humbert II, au comble de la gloire et de la puissance, redouté de ses vassaux, respecté par les souverains des états voisins, se prit tout-à-coup de dégoût pour le monde, à l'exemple d'Humbert Ier. C'est que la mort, en lui enlevant son fils unique, avait brisé son ame et détruit ses plus chères espérances. La tradition rattache à cette mort des circonstances bien pénibles. Un jour, par une des fenêtres de son château de Romans, situé sur les bords de l'Isère, comme il balançait son jeune fils, appelé André, il le laissa tomber dans le fleuve[2]. Dès-lors, privé d'héritier, et ne voyant dans la vie que déceptions, tristesse et dégoût, il forma le projet de quitter le monde et d'ensevelir ses douleurs dans un cloître.

Philippe de Valois, qui n'avait pas vu sans envie une aussi belle province que celle de Dauphiné détachée de la couronne de France, profita des dispositions du Dauphin, et ne contribua pas peu à ses projets de retraite. Le 30 mars 1349, Humbert II remit ses états à la France, à condition que le fils aîné du roi porterait le nom de *Dauphin,* et que les armes du Dauphiné seraient ajoutées à

[1] CHORIER, tome II.

[2] D'après une autre tradition, cet événement se serait passé à Beauvoir, et selon quelques auteurs à Grenoble ou à Vienne.

celles de France [1]. Selon plusieurs historiens, il aurait seulement exigé que celui des princes du sang royal qui recevrait le Dauphiné en apanage, porterait le titre de *Dauphin*. Quelques mois après, il se retira, dit-on, chez les pères dominicains de Valence, qu'il affectionnait d'une manière particulière, car, avant la cession de ses états, on l'avait souvent vu se mêler aux religieux, et partager leurs exercices de piété.

Avant de revêtir le froc et de renoncer aux grandeurs du monde, ce prince s'était occupé du bonheur de ses sujets. Avec plusieurs ordonnances propres à améliorer leur sort, il publia un réglement appelé *statut delphinal*, qui devait former le droit particulier de la province. La châtellenie de Chabeuil eut sa part de franchises et de libertés. Humbert renouvela et augmenta toutes celles qui avaient été accordées par ses prédécesseurs, et le juge de Saint-Marcelin jura de les garder [2]. Il concéda encore à l'abbé de Saint-Ruf l'exemption du péage à Chabeuil : c'était une confirmation des priviléges octroyés en 1243 par le dauphin Guigues. Jean de Belna, son barbier, ne fut point oublié dans cette distribution de chartes, de faveurs et de priviléges : il eut la jouissance, sa vie durant, de la *ménerye* et *foresterie* [3] de Chabeuil ; et Charles, dauphin, fils aîné du roi de France, crut devoir confirmer dans la suite cette concession. La profession de barbier était donc en honneur, puisqu'elle était exercée par un noble, et qu'elle était si richement récompensée ! Ce fait nous rend moins étonnante l'affection extraordinaire de Louis XI pour son barbier. Tout le monde sait qu'il créa Olivier Le Dain comte de Meulan, et qu'il en fit un ambassadeur. Il est vrai que les motifs de ces deux princes étaient bien

[1] L'acte de donation a été signé dans l'église de Saint-Barnard, à Romans.

[2] Chabeuil faisait partie du bailliage de Saint-Marcelin.

[3] C'étaient des offices assez lucratifs.

différens : l'un voulait exprimer sa reconnaissance, et l'autre humilier la noblesse.

La réunion du Dauphiné à la couronne de France n'apporta aucun changement dans l'administration de Chabeuil. Le Dauphin de France, ayant pris le lieu et place du Dauphin de Viennois, nomma un trésorier spécial pour percevoir ses rentes et revenus. Un conseil, créé d'abord à Saint-Marcelin par Humbert II, avant son abdication, était saisi de toutes les questions importantes, de toutes les difficultés qui étaient soulevées dans la province. Les habitans et manans de Chabeuil, vexés et fatigués par leurs châtelains, eurent souvent recours au conseil delphinal. C'est ainsi qu'ils virent cesser les malversations que Reynaud Falavel, châtelain en 1366, exerçait sur eux. Ce magistrat fut cassé et puni à la suite d'une enquête ordonnée par le conseil.

Comme le voisinage de Chabeuil et de Valence avait établi de nombreux rapports entre les habitans de ces deux villes, les frais de péage étaient devenus pour eux une charge onéreuse. D'un commun accord, pour consolider leur union et faciliter le commerce, ils passèrent, en 1381, une transaction portant que les habitans de Valence ne paieraient à Chabeuil aucun droit de péage, ni ceux de Chabeuil à Valence. Plusieurs procédures furent faites, en suite de la contravention à ce réglement, qui fut consenti par le châtelain de Chabeuil et les officiers de l'évêque de Valence.

L'ambition et la jalousie de Louis de Poitiers, comte de Valentinois et de Diois, faillirent troubler la bonne harmonie et rompre une antique union qui venait naguère d'être fortifiée par la transaction sur les droits de péage. Il prétendait avoir droit de juridiction à Chabeuil pour la punition des délits, et comme le châtelain lui contestait cette prérogative, il lui intenta un procès par-devant le conseil delphinal. La cause n'était certes pas embarrassante, mais le conseil, travaillé par les influences du comte, n'osa pas le condamner ; il suspendit son jugement, et il ne paraît pas qu'il ait jamais été rendu.

On voit, par des papiers datés de 1399, que Chabeuil possédait alors un monastère; mais quand fut-il fondé? à quel ordre appartenait-il? quand fut-il détruit? Aucun fait, aucun document n'est là pour répondre à ces questions. Un voile impénétrable nous dérobe les destinées de cet établissement religieux, qui existait encore en 1474. Quoi qu'il en soit, le nom de Monestier *(monasterium)*, imposé à la partie de la ville où il était bâti, perpétuera à jamais son souvenir, mais ce souvenir est vague et mystérieux comme le fut son existence.

Vers la fin du XIVe siècle, l'administration intérieure de la communauté de Chabeuil subit une modification qu'il est important de signaler. On y voit une tendance vers les idées libérales; le servage se meurt, et le peuple, rentrant peu-à-peu dans ses droits, est appelé à se régir lui-même. On adjoignit au châtelain, qui jusque-là avait gouverné seul, deux magistrats appelés *consuls*. Comme lui, ils dirigeaient les affaires, veillaient à la sûreté publique, et représentaient la communauté *(respublica)*. Ils étaient chargés des dépenses et des comptes de la ville [1], et pendant long-temps ils jouirent du droit de présentation aux bénéfices de Chabeuil. Le second consul était quelquefois appelé *collecteur* ou *exacteur*, parce qu'il recevait l'impôt prélevé sur les taillables. Nous le verrons plus tard convoquer les assemblées générales et particulières au son de la cloche, et les présider de concert avec le châtelain. Elles se tinrent dans la maison dite *de la confrérie,* et vers les derniers siècles dans la grande tour qui servait d'hôtel-de-ville et renfermait les archives.

Ces assemblées générales avaient lieu plusieurs fois par an, et toutes les fois que les besoins de la communauté le demandaient. Les notables du pays en faisaient partie, et, comme nos conseils municipaux, elles avaient un prési-

---

[1] Delisle, second consul en 1681, fut accusé de négligence dans ses comptes. Son incurie lui valut trois ans de prison à Grenoble.

dent et un secrétaire. Les consuls étaient en outre recteurs
nés de la confrérie des pauvres, instituée sous le vocable
du Saint-Esprit, de Sainte-Anne et de Saint-Sébastien.
En cette qualité, ils distribuaient du froment et du potage [1]
aux indigens, pendant les trois jours que duraient les
fêtes de la Pentecôte. Les habitans de Chabeuil, désireux
de parvenir à cette magistrature, et redoutant peut-être
aussi l'envahissement du pouvoir, l'avaient établie annuelle. Lorsque la châtellenie de Chabeuil eut passé au
pouvoir du prince de Monaco, les consuls demandaient
son agrément avant d'entrer en charge. Voici le réglement
de la maison de ville homologué par le parlement, dans
le mois de mars 1653, afin de prévenir plus sûrement les
abus qui s'étaient glissés dans les élections. Ce réglement
n'était point nouveau; il ne faisait que consacrer d'une
manière plus solennelle les anciens usages de la communauté.

L'élection des consuls et officiers municipaux avait
lieu par les suffrages de tous les habitans qui étaient au
moins à 20 sous d'*estime* dans le cadastre ou parcellaire de
la communauté. Le premier consul devait être ou gentil-
homme, ou avocat, ou médecin, ou bourgeois, ou procureur, ou notaire, ou apothicaire, ou chirurgien, ou
marchand non revendeur, ou, à défaut d'une de ces qualités, être au moins à 8 livres d'*estime* dans le parcellaire.

Le second consul était tiré des autres professions exercées
dans le pays, pourvu qu'il fût au moins à 4 livres d'*estime*
dans le parcellaire. Leur élection faite, ils prêtaient serment devant le châtelain, ou vice-châtelain en son absence,
et lorsqu'ils rendaient leurs comptes, la même cérémonie
avait lieu.

Le conseil des *seize* était composé d'un ecclésiastique et de
sept membres choisis parmi les habitans qui exerçaient une
profession de première classe; les huit autres appartenaient

---

[1] En 1592, les consuls distribuèrent 28 sétiers ou de froment ou
de *mescle* ou de *bataille*. Un sétier de fèves fut consacré au potage.

aux professions de deuxième classe. Outre les officiers municipaux, assistaient encore aux assemblées générales, un syndic des forains et tous les notables du pays; pour porter ce titre il fallait payer 3 livres d'impositions. Un valet de ville convoquait les officiers et les notables à domicile; puis, à l'heure de la séance, il sonnait la cloche de l'église de Saint-Andéol. Tous se rendaient dans la maison dite *de la confrérie*, et plus tard dans la maison consulaire ou hôtel de ville. Il existait encore à Chabeuil un conseil politique, d'où les protestans se virent exclus par un arrêt du parlement, rendu sur requête le 2 juin 1683[1]. Cette institution des consuls et des assemblées générales dénote le progrès des idées de liberté; elle était toute en faveur du peuple, car le plus humble manant de Chabeuil payant 20 sous d'impositions, était appelé à élire lui-même les premiers magistrats de la ville. Il y a loin de là à ce pauvre serf qu'on nous représente, au moyen-âge, attaché à la glèbe, ne vivant, ne respirant, ne travaillant que pour le profit de son seigneur. Mais, comme tant d'autres institutions créées par nos pères, elle n'a pu résister à l'action du temps et des passions des hommes; la révolution l'a modifiée, elle lui a substitué les conseils municipaux présidés par les maires[2]; mais a-t-elle fait mieux? Si je me suis longuement étendu sur les fonctions du consulat, sur la composition des assemblées générales, c'est afin de ne plus y revenir.

L'année 1402 fut marquée par des désastres qui jetèrent la désolation dans les campagnes que parcourt la Véoure : les habitans de Chabeuil eurent à souffrir de grandes pertes. Cette rivière, grossie par des pluies torrentielles, se déborda au commencement de l'automne, et se répandit au

[1] *Dictionnaire du Dauphiné.*

[2] On sait qu'avant la révolution il n'y avait que le premier magistrat d'une ville qui portât ce titre ; cependant Chabeuil a eu quelquefois des maires.

milieu des champs, où elle causa d'affreux ravages et détruisit plusieurs récoltes. Les habitans de Beaumont et de Montvendre, victimes, eux aussi, de cette inondation, se joignirent aux consuls de Chabeuil, et tous ensemble présentèrent au gouverneur du Dauphiné une humble requête, par laquelle, après avoir peint le tableau de leurs campagnes désolées, ils demandaient qu'il leur fût permis de remettre la Véoure dans son ancien lit. Le gouverneur, touché d'un malheur qui réduisait tant de familles à la mendicité et à la misère, leur donna tout pouvoir, le 16 décembre 1402. De grands travaux furent entrepris immédiatément, et le torrent se trouva bientôt dans son état normal. La population agricole et laborieuse de Chabeuil sut réparer par beaucoup de dépenses et de labeurs les dégats causés par la Véoure.

Douze ans après ce triste événement, le gouverneur du Dauphiné et le conseil delphinal donnent commission à Jean Gendre, conseiller delphinal, de se transporter aux forêts delphinales des mandemens de Chabeuil et de Beauvoir en Royans, avec les châtelains et forestiers de ces lieux, pour s'informer s'il y avait du bois propre à être scié, à quel prix il se vendrait, et si le Dauphin trouverait avantage à faire vendre ses forêts. D'après le procès-verbal du commissaire, il résulte qu'il y avait trois forêts au mandement de Chabeuil, savoir : la forêt de *Chaorges*, celle de *Doëme* et enfin celle de *Simondini*, où l'on prenait le bois destiné au chauffage du four delphinal. Le commissaire conclut son rapport en faisant observer au Dauphin qu'il était avantageux de ne pas vendre ces forêts, parce que les habitans de Chabeuil y avaient droit de pacage, et qu'elles fournissaient du bois pour les réparations du château, du four et des moulins. Le Dauphin, prenant en considération ces dernières raisons, conserva les forêts qu'il avait au mandement de Chabeuil.

Soit par reconnaisance pour ce bienfait, soit par attachement au prince, les habitans de Chabeuil avaient offert au Dauphin, de leur propre volonté et pendant quatre

années consécutives, les revenus du *vingtain* (1/20ᵉ prélevé
sur les vins et les blés). Raoul de Gamone, gouverneur du
Dauphiné, ordonna qu'à l'avenir ils jouiraient sans inquié-
tude de ces revenus, pour les employer aux fortifications de
la ville. Déjà, sous Jean II, pareille concession leur avait été
faite. Cette ordonnance avait sans doute pour but de dédommager les habitans de Chabeuil, et de calmer leurs plaintes
soulevées par les malversations de quelques officiers pu-
blics. Ceux-ci avaient voulu créer et percevoir des droits à
leur profit ; mais la ville, dont l'esprit était peu façonné à
l'arbitraire, protesta contre l'envahissement, et afin de
voir disparaître plus sûrement les abus de l'administration,
s'en plaignit au gouvernement. Louis XI, encore dauphin, publia, de Chinon, en date du 15 février 1447, une
ordonnance qui créait une commission spéciale, à l'effet de
constater et de punir les délits odieux qui lui avaient été
dénoncés.

Ce privilége accordé aux habitans de Chabeuil, de faire
servir les revenus du *vingtain* aux fortifications de la ville,
excita la jalousie de toute la noblesse, qui prétendait se
les attribuer exclusivement. La paix intérieure et la bonne
harmonie furent troublées ; on allait en venir aux voies de
fait, lorsqu'une transaction, consentie par les nobles et
les représentans de la communauté, termina la querelle.
D'après cet acte, les habitans de Chabeuil acquéraient
l'exemption du *vingtain* pour eux et leurs descendans, et
les nobles n'auraient plus à le payer pour les fonds qu'ils
possédaient ou qu'ils achèteraient dans la suite, lors même
qu'on l'appliquerait à la réparation des murs de la ville.
Il fut de plus convenu que le prieur de Chabeuil, ainsi que
ses successeurs, en considération de la coopération active
qu'il avait donnée à la transaction, serait exempt du *vingtain* pour les fonds attachés au prieuré de Saint-Jean.

Louis XI, que ses dissensions avec son père tenaient
relégué loin de la cour, marqua son séjour en Dauphiné
par de nombreuses améliorations dans l'administration de
la province : Grenoble lui dut son parlement, qui remplaça

le conseil delphinal, et Valence son université. Il est le dernier Dauphin qui ait joui directement des revenus et émolumens de la châtellenie de Chabeuil; après lui, c'est-à-dire en 1483, ils passèrent au domaine et furent perçus au nom du roi de France par le trésorier delphinal.

Des lettres-patentes de François 1er, datées du 29 mars 1529, et publiées pour autoriser la vente de l'office de greffier, nous révèlent l'existence d'un tribunal qui prenait le titre un peu prétentieux de *grande cour de Chabeuil*. Le prix de cet office, auquel étaient attachés les scellés, la *notairie*, la *scriberie*, les criées, fut porté à 2,450 livres tournois. Une somme aussi élevée nous fait croire qu'alors, pas plus qu'aujourd'hui, la justice n'était rendue gratuitement.

La cour de Chabeuil jouissait depuis un temps immémorial de certains droits et usages, qui formaient pour elle comme un code particulier; ainsi on n'y était admis à contester sur un acte obligatoire, qu'après le paiement ou une consignation réelle. Elle était si jalouse de les conserver, qu'en 1479 elle obtint de la chambre des comptes qu'un recueil en serait fait par deux notaires, et qu'il serait homologué per elle. Un arrêt du parlement, rendu le 15 juin 1660, défendit plus tard de contrevenir aux droits de la cour de Chabeuil, qu'on désignait alors sous le nom de *style*, sous peine de mille francs d'amende. Ce tribunal, qui avait près de lui des procureurs, des avocats, des clercs, des *garde-scels*, prit dans la suite le nom de *siége royal*, et plus communément celui de *conventions royaux;* il ressortissait du parlement de Grenoble. Mais, dans le dernier siècle, les offices de ce siége furent abolis en partie, et remplacés par ceux d'un siége ducal, du ressort de la sénéchaussée de Valence.

Voici le personnel de la justice de Chabeuil au moment même où éclata la révolution; quoiqu'il eût bien perdu du prestige, de la grandeur et de la puissance qui entouraient autrefois la judicature, la grande cour, la cour supérieure, la cour commune, et enfin le siége royal, il nous paraîtra encore bien imposant, auprès de celui qui compose aujourd'hui nos justices de paix :

Président ou juge ducal, M. Lacroix-Saint-Pierre.

Lieutenant, N....

Substitut du procureur-général, M. Urtin.

Greffier [1], M. Savary.

Sergent, M. Frison.

Avocats, MM. Bergerac et Lambert, avocats du parlement; Sarrot, Martin et Charvat.

Procureurs et notaires, MM. Genissieux, procureur; Martin, Sarrot, Urtin; Courbis, procureur et notaire; Eymard, successeur de Genissieux fils.

Pour les causes fiscales, les différends concernant les tailles, les gabelles, ils ressortissaient d'un tribunal créé à Valence sous le nom d'*élection*.

Voici venir le XVIe siècle. Quand on jette un regard sur cette époque de notre histoire, on se sent pris de tristesse et de crainte : la société est ébranlée; l'église, ce majestueux édifice fondé sur la foi et la charité, menace de s'écrouler sous les coups des prétentions de quelques novateurs; l'égoïsme et l'intérêt personnel veulent, à sa place, gouverner le monde chrétien; la suprématie de Rome est contestée; les princes, pour mobiles de leurs actions, ne reconnaissent plus que l'ambition, l'orgueil et l'avidité. On sème au milieu du peuple une doctrine qui l'égare, le porte à se soulever contre tout pouvoir, à nier toute autorité. De grandes catastrophes éclatent dans notre patrie; les sujets s'arment contre leur souverain; les français contre des français; tout est meurtre, pillage et incendie; la paix, l'union, la concorde quittent le foyer domestique avec l'unité des croyances religieuses, et le Dauphiné devient le théâtre de guerres sanglantes, dont

---

[1] Le greffier de Chabeuil avait droit à la langue des bœufs et des vaches qu'on tuait dans la ville : pour quel exploit? la tradition n'en dit rien.

le détail nous fait encore frémir après 300 ans. Ses villes, ses bourgs, ses hameaux, pris et repris, ne présentent plus qu'un amas de ruines et de décombres.

Les habitans de Chabeuil, fidèles à la foi de leurs pères, contens des croyances qu'ils leur avaient léguées, fermèrent l'oreille aux doctrines de Calvin, et semblèrent dire aux novateurs : « Nous voulons rester ce que nous sommes! » Malheureusement, pour les préserver des maux de la guerre civile, il fallait autre chose que l'attachement inviolable à la religion ; et leurs remparts, leur château-fort, leur milice vigilante et courageuse, étaient impuissans à les défendre long-temps et toujours des vives attaques qu'ils auraient à soutenir.

Cet orage, que Chabeuil entendait gronder au loin, vint fondre sur lui : il fut pris par les protestans durant la seconde guerre civile ; mais, en 1568, l'intrépide Gordes, qui venait de reprendre Etoile, s'en fit ouvrir les portes [1]. L'histoire contemporaine ne nous a laissé aucun détail sur ces deux siéges ; il est vrai que les chroniqueurs, s'ils avaient voulu tout raconter, n'auraient pu suffire à leur tâche, tant les événemens se pressaient.

Cinq ans après, Henri IV, échappé au massacre de la Saint-Barthélemi, était devenu le chef du parti protestant, et avait donné le signal de la guerre. Sur tous les points du Dauphiné, les protestans courent aux armes, au cri de : *Il faut venger nos frères !* Montbrun, dont le nom répandait la terreur et l'effroi, venait de s'emparer de Soyons ; bientôt, après une marche rapide, il se présente devant Chabeuil. C'était en 1573, au mois d'avril. La place fut défendue avec courage ; mais elle ne put tenir long-temps devant les efforts de troupes nombreuses, commandées par un chef dont l'habileté égalait la bravoure ; elle fut prise, et ses habitans eurent à subir pour la seconde fois toutes les horreurs du pillage, et ce ne fut pas sans frémir qu'ils virent leurs ennemis incendier et démolir l'église

[1] CHORIER, tome II.

3

de Saint-Andéol. Il m'est pénible de dire aux habitans de Chabeuil que leurs pères furent vaincus; mais mieux vaut la honte d'une défaite, qu'une victoire achetée avec le sang de ses compatriotes, et remportée sur une population inoffensive, à laquelle les parens des victimes de la Saint-Barthélemi n'avaient rien à demander. L'antique hôpital de la ville, situé sur la rive droite de la Véoure, fut détruit pendant le siége; car dès cette époque, où s'exerçaient d'ignobles vengeances, on ne trouve rien dans les archives qui se rattache à son existence.

Devenu maître de Chabeuil, Montbrun se hâta de réparer les brèches qui avaient été faites aux remparts et au château, afin de se créer comme un boulevard, d'où il pourrait inquiéter les villes voisines. Jean de Menon, capitaine d'infanterie, et Aymar de Chate-Geyssans, qui était enseigne de la compagnie des gendarmes de Gordes, essayèrent en vain de reprendre Chabeuil; ils furent repoussés, et les travaux de fortifications continuèrent avec activité sous leurs propres yeux. Toutefois, les protestans ne possédèrent pas long-temps la ville; car au mois d'août elle au était pouvoir des catholiques. L'infatigable de Gordes se présenta lui-même, et l'emporta d'assaut; en se retirant, il y laissa le capitaine Peloux, avec une garnison composée de cent hommes aguerris [1].

Lassés de tuer leurs compatriotes, de brûler leurs maisons, de ravager une province qui était leur patrie commune, catholiques et protestans avaient mis bas les armes et signé une trève de quelques semaines. Elle expira le 25 août de la même année, et la guerre recommença. La noblesse du Dauphiné, les citadins, les habitans du dernier hameau se montrèrent brillans de valeur et de courage; mais le champ de bataille était toujours cette pauvre France, qui depuis vingt-cinq ans voyait ses enfans se détruire et s'égorger; c'étaient toujours nos plaines, nos vallons, nos montagnes. Si nos pères avaient

[1] CHORIER et *Vie de Montbrun.*

dirigé leur ardeur belliqueuse contre l'étranger, s'ils avaient versé le sang des ennemis de la France, nous bénirions aujourd'hui leur mémoire, et nous n'aurions pas à repousser cet héritage de gloire et d'honneur qu'ils ont voulu nous léguer !

Montbrun, impatient de reprendre les hostilités, s'empara d'Allex, que le Dauphin d'Auvergne avait peu auparavant emporté d'assaut; puis il reparut devant Chabeuil à la tête d'un corps de troupes considérable. Il somma la ville de se rendre ; mais les ruines de l'église de Saint-Andéol, mais les pleurs des veuves et des orphelins qui coulaient encore, redisaient aux habitans ce qu'ils avaient à attendre des protestans ; d'ailleurs, ils avaient à cœur de réparer glorieusement leurs défaites précédentes. Ils méprisèrent donc les sommations et les menaces, et par leur courage, leur dévouement, rendirent vaines toutes les tentatives que firent les assiégeans. Montbrun, que la crainte d'un échec irritait, fit des prodiges de valeur et se signala dans maints assauts, mais ses efforts se brisèrent contre ceux des assiégés. Forcé de recourir à la ruse, il parvint à se ménager des intelligences avec quelques habitans, et, grâce à leur félonie, les portes de Chabeuil allaient lui être ouvertes, lorsque le capitaine Bouget, qui défendait la place, saisit la trame du complot, et fit jeter dans les fers les lâches qui vendaient leur patrie à Montbrun. Il n'est pas à regretter que l'histoire nous ait tu leurs noms ; elle a voulu les flétrir en les couvrant de son silence, et leurs descendans, s'il en existe, n'ont pas à rougir et à courber la tête. Honneur donc à Bouget ! sa vigilance sauva la ville, et Montbrun se retira, pour voler à des victoires plus faciles.

Pendant que Chabeuil soutenait vaillamment un siége, Montvendre était attaqué aussi. Allard, qui commandait la garnison du château, repoussa les efforts des assiégeans, et la place ne fut point prise ; mais de Gordes, ne croyant pas pouvoir la conserver long-temps, la fit démanteler.

En 1574, mourut à Genève Ennemond Bonnefoi, l'une

des gloires de Chabeuil. Je vais en dire quelques mots; cette diversion nous fera oublier les horreurs de la guerre civile, et reposera notre cœur fatigué du récit de tant de troubles et de malheurs. L'Europe sortait d'un chaos ténébreux et travaillait péniblement à l'œuvre de la civilisation. Plusieurs hommes à intelligence profonde préparaient la voie où nous marchons aujourd'hui. Retirés dans leur cabinet, comme dans un sanctuaire, ils se livraient à la méditation, loin des bruits du monde et du tumulte de la guerre; puis, nouveaux Moïses, ils apparaissaient et annonçaient aux hommes des choses inconnues. Ces savans comprirent ce qu'il y avait de grand et de sublime dans leur mission, et mettant en commun leur génie, leur dévouement et leurs efforts, ils déchirèrent le voile épais que les enfans du nord avaient jeté sur la France et l'Europe entière. Les jurisconsultes ont puissamment contribué à la régénération sociale : alors tout était désordre; la législation n'était qu'ébauchée, et l'étude du droit devait naturellement rétablir la société sur des bases solides, en propageant des idées d'ordre et de justice. Chabeuil a la gloire de compter un de ses enfans parmi les jurisconsultes célèbres du XVI° siècle. Ennemond Bonnefoi, fils d'un notaire de Chabeuil, occupa une chaire à l'université de Valence, et eut pour collègues Hotman et le fameux Jacques Cujas de Toulouse. Il écrivit en latin; ses œuvres, entr'autres le *Traité du droit civil et canon de l'Orient,* révèlent une grande érudition, une judicieuse critique. Les guerres civiles, et surtout le massacre de la Saint-Barthélemi, lui firent prendre son pays en dégoût; il se retira à Genève, où il est mort en 1574 [1].

Comme on peut le présumer, Chabeuil n'offrait plus qu'un spectacle de ruines et de décombres, résultat nécessaire des siéges qu'il avait soutenus : le château était en partie démoli, et les remparts laissaient entrevoir des

[1] CHORIER, tome II.

créneaux renversés et de larges brèches. Cette situation
était périlleuse et pouvait attirer de nouveaux malheurs;
aussi M. de Clermont, seigneur de Montoison, et lieutenant des hommes d'armes de Maugiron, intendant du
Dauphiné, ayant visité Chabeuil le 29 mars 1585, or-
donna-t-il au châtelain et aux consuls de rétablir prompt-
tement et de mettre en défense les murs, les tours et le
château-fort, qu'il avait trouvés en mauvais état; de
fournir toute espèce de munitions et de secours à la compagnie d'hommes d'armes qu'il leur laissa, et enfin de
faire bonne garde et de veiller au repos public. Les magistrats, les notables rivalisèrent de zèle et de dévouement :
l'amour de la patrie leur fit supporter les plus durs sacri-
fices, et les rendit ingénieux à se procurer des ressources;
mais ces ressources s'épuisèrent, et le danger était toujours menaçant. L'année suivante 1586, les consuls con-
voquèrent donc une assemblée générale, qui se tint sur
la place publique, et là ils exposèrent aux notables les
besoins de la communauté, et demandèrent à faire un
emprunt pour subvenir aux dépenses des gens de guerre
qu'elle entretenait; ils étaient trente, commandés par
Benoit Dumas. Laurent Charpey, dont le nom est souvent
inscrit dans les annales de Chabeuil, eut la générosité de
mettre sa fortune à la disposition des consuls.

Aux maux de la guerre vinrent se joindre les ravages
d'une maladie contagieuse. Après avoir sévi dans la
Provence, l'épidémie éclata à Chabeuil et dans les villages
voisins. Ce fléau, qui apportait la mort et la désolation
au milieu de familles encore dans le deuil, fit fuir beaucoup d'habitans; la ville était presque déserte, et les
consuls ayant voulu convoquer une assemblée générale,
pour délibérer sur les mesures à prendre à l'occasion de
cette nouvelle calamité, les notables ne se trouvèrent pas
en nombre suffisant pour délibérer. Une deuxième con-
vocation eut lieu, et les membres présens arrêtèrent qu'il
fallait enfermer dans le château, dans les tours des remparts et dans les lieux isolés, tous ceux qui seraient

atteints du mal. Le nombre des victimes n'est point connu;
mais l'absence d'habiles médecins, mais l'ignorance où
l'on était alors des premiers principes d'hygiène, tout
nous porte à croire qu'il fut très-grand.

Cependant le mal perdant de son intensité, de sa violence, diminua peu à peu ; avec la tranquillité dans les
esprits, revinrent les habitans qui avaient émigré. Alors
toute l'attention se porta sur les affaires de la communauté,
dont les besoins étaient urgens et nombreux. L'église de
Saint-Andéol brûlée et détruite par les protestans, comme
l'indique l'inscription gravée dans la chapelle du clocher,
ne pouvait servir à l'exercice du culte. Le pont de la
Véoure s'était abîmé sous la violence des eaux, et la ville,
accablée de dettes, était dans l'impuissance de faire face
à tant de dépenses. Cette situation de gêne et de pénurie,
cet état de souffrance et de misère que de grands malheurs
avaient faits à la patrie, émurent le cœur généreux de
Soyans : il fit relever les murs de l'église, en mettant à
profit ce qui en était encore debout. Les protestans avaient
laissé subsister la tour du beffroi, la partie inférieure de
la façade du couchant, et quelques arceaux des chapelles
latérales. Grâce à la munificence de ce citoyen, les habitans de Chabeuil purent bientôt prier Dieu là où leurs
pères avaient prié, car les travaux furent terminés en
1602. Quant au pont jeté sur la Véoure depuis plusieurs
siècles, il ne fut point relevé avec la même promptitude.
Le châtelain et les consuls adressèrent une supplique à
Henri IV, portant le devis estimatif des dépenses à faire
pour en construire un nouveau. La supplique fut re-
nouvelée, et, en 1609, on commença à reconstruire.
Le roi, touché de l'état de pénurie où se trouvait la
communauté de Chabeuil lui avait enfin octroyé la permission de lever, pendant vingt années consécutives,
un faible impôt sur les bœufs, les vaches, le menu bétail qui se vendraient dans tout le mandement, sur les
farines et sur les voitures chargées d'une marchandise
quelconque qui allaient à Lyon ou en revenaient, car la

route de Lyon en Provence passait par Chabeuil. Grâce à
cette concession, le pont fut achevé et payé; mais, vers
le milieu du dernier siècle, il fut encore détruit par la
Véoure. Aujourd'hui il n'en reste plus qu'un tronçon, en
face de l'ancienne rue de l'Hôpital, et un nouveau pont
à deux arcades a été élevé à quelque distance, sous l'administration de M. le comte de Laurencin, maire de
Chabeuil [1].

Malgré les scènes d'horreur, de confusion et de troubles qui marquèrent la fin du XVIe siècle et le commencement du XVIIe, les progrès de la civilisation ne furent
point arrêtés; les institutions, les établissemens utiles
allaient toujours croissant, et recevaient chaque jour
d'importantes modifications. Chabeuil, sous ce rapport,
marchait à l'égal des villes voisines et n'avait rien à leur
envier : il possédait depuis long-temps une horloge de
ville et une halle pour les marchés; les anciennes mesures de pierre dont on se servait avaient été rendues
conformes à de nouvelles mesures de bronze et de cuivre
faites à Chabeuil même, par arrêt de la chambre de Grenoble datée du 17 juin 1583, pour servir désormais d'éta-
lon aux vendeurs et acheteurs [2]. Un poids de ville, créé
en 1633, vint ajouter plus tard à ces heureuses inno-
vations [3].

Jean Reynaud, bachelier en droit et notaire, comprit
que le bien de son pays réclamait une institution plus
utile encore et d'un intérêt plus élevé; il légua à la
communauté de Chabeuil, par son testament daté du 17
juillet 1601, un revenu annuel de six-vingts écus, pour
fonder et doter un collége, où seraient enseignées les lettres humaines. La ville, heureuse de seconder ses vues et
de remplir ses intentions, autorisa les consuls à acheter,

---

[1] Commencé en 1829, il fut terminé en 1830.

[2] Elles étaient plus petites que celles de Valence de 1/24.

[3] Il vient d'être remplacé par une machine connue sous le nom de
pont-à-bascule.

l'année suivante, la maison, avec ses attenances, d'Eymard Meysonnier, bachelier en droit et régent de l'université de Valence. De grandes réparations furent ordonnées, pour l'approprier à sa nouvelle destination. Toutefois, ce ne fut qu'en 1663 que la maison d'Eymard Meysonnier fut mise dans l'état où nous la voyons aujourd'hui. Alors une assemblée générale fut convoquée, pour délibérer sur le choix des religieux qui seraient chargés de donner l'enseignement; on le confia, après avoir demandé l'agrément du prince de Monaco, aux Jacobins de Valence, qui dirigèrent le collége jusqu'en 1726.

On ne saurait indiquer d'une manière précise l'époque qui a vu tomber l'antique château-fort de Chabeuil. Sous Louis XIII, plusieurs forteresses des environs sont démantelées : la crainte des protestans, que l'édit de Nantes n'avait pas entièrement calmés, inspira sans doute cette mesure au gouverneur de la province, qui, en rasant les places fortes, croyait enlever un refuge aux réformés et consolider la paix publique. Toujours est-il que les châteaux de Barcelonne et de la Baume-Cornillane furent détruits vers cette époque; celui de Chabeuil, que les dernières guerres avaient bien affaibli, eut à subir le même sort. Une tour isolée et quelques pans de murs sur le flanc des Gontardes, c'est tout ce qu'il en reste aujourd'hui. Ainsi s'en vont les souvenirs du moyen-âge !

Depuis le sage gouvernement de Henri IV, le peuple commençait à respirer; les avantages de la paix se répandaient dans les campagnes; l'agriculture et le commerce, délaissés jusque-là, ramenaient l'aisance et le bien-être. Encore quelques années de prospérité, et les maux de la guerre allaient être réparés et oubliés. Mais la peste, en éclatant de nouveau dans le midi du Dauphiné, vint semer l'effroi et le découragement au milieu des populations. Déjà elle était aux portes de Chabeuil. Que faire pour s'en garantir ? L'homme, en face de ce terrible fléau, sent toute son impuissance; il comprend toute l'étendue de sa faiblesse, et sa première pensée est d'invoquer Dieu. Les habitans de Chabeuil opposèrent donc à ce terrible ennemi, qui leur venait avec un cortége de deuil , de larmes et de souffrances , les seules armes de la prière ; puis, se reposant sur le ciel du soin de les sauver , ils attendirent avec espérance et résignation. Je transcris ici mot à mot la pièce qui contient le vœu de la communauté. Au point de vue religieux, elle est du plus haut intérêt pour les habitans de Chabeuil : c'est un monument de la foi de leurs pères.

« *Vœu à la divine Majesté fait par la communauté de Cha-*
» *beuil, pour être préservée de la peste, par les mérites des*
» *bienheureux saint Roch et saint Sébastien, en la présence du*
» *très-saint Sacrement de l'autel, de la glorieuse Mère de*
» *Dieu et de toute la Cour céleste : Monsieur Claude Iboud,*
» *docteur en théologie et curé des deux paroisses, disant la*
» *sainte messe et tenant le saint Sacrement en mains, le 16*me
» *août 1629.*

» Seigneur, Dieu tout-puissant et éternel, nous consul,
» Louis Chastel , en l'assistance de maître Jean-Bernard
» du Vache, docteur en droit , capitaine-châtelain et juge
» royal des conventions de Chabeuil , et autres soussignés
» citoyens de la ville de Chabeuil, représentant le corps de
» l'enclos et du dehors des mandemens de ladite ville ,
» combien que de toutes parts soyons indignes de votre
» divine présence, nous confiant toutefois en votre pitié et
» miséricorde infinie, et poussés du désir de vous servir,
» faisons vœu , en présence du très-saint Sacrement de
» l'autel, de la très-sacrée Vierge Marie et de toute la
» Cour céleste , à votre divine Majesté , de garder et solen-
» niser à perpétuité la fête du bienheureux saint Roch,
» le lendemain de l'Assomption au ciel de la Mère de
» Dieu, de faire dire une grande messe tous les ans , et de
» faire une procession générale par toute la ville, avant
» ladite messe, le très-saint Sacrement porté en custode,
» et icelui exposé sur le maître-autel dès le matin jusqu'au

» soir, soleil couchant; et que alors la bénédiction se
» donnera à tout le peuple y assistant; et à ces fins,
» Messieurs de la ville fourniront le luminaire et payeront
» ce qui sera expédient aux prêtres, soit pour la susdite
» messe ou pour la procession, le tout; entendant pour
» l'avenir qu'il ne sera permis dans l'enclos de la ville de
» travailler, si bien au dehors suivant la discrétion et
» prudence de Monsieur le curé présent et futur, duquel
» la permission dépendra, pourvu que l'office soit fait et
» parachevé. Et quant à saint Sébastien, nous vouons
» pareillement de solenniser sa fête, pour l'année sui-
» vante seulement, sans autre cérémonie; à ce qu'il plaise,
» par les mérites desdits deux bienheureux saint Roch
» et saint Sébastien, à ce bon Dieu de nous garantir de la
» peste, nous et toute la communauté; icelle la larme à
» l'œil, les mains jointes et le cœur contrit, requérant
» pardon de ses péchés, et joignant ses vœux aux nôtres.
» Nous donc tous ensemble unanimement supplions votre
» divine bonté et clémence, par le précieux sang de
» Jésus-Christ, qu'il vous plaise les recevoir et agréer en
» odeur de suavité, et tout ainsi qu'il vous a plu nous
» donner la grâce et le désir de les offrir, aussi vous
» plaise nous la donner abondante et à tous nos suc-
» cesseurs à l'avenir, pour les parfaire et accomplir.
» Amen.

» IBOUD, JANET, Louis CHARPEY, DELISLE, ARNAUD,
» *sacristain;* L. MORIN, *régent;* ROLLET, *habitué de l'église*
» *de Saint-Apollinaire;* Louis CHASTEL, 1er *consul;* DU
» VACHE, LOMBARD, *prêtre;* CHARBONNEL, PATIN, DELAYE,
» IBOD, *procureur du roi;* ROYANÈS, FIANSAYE, DUMAS,
» FREYDIER, VILARD, ARNAUD, REYMOND, MASSOT,
» BÉRENGIER, BRUNIER, *secrétaire de la maison consulaire de*
» *Chabeuil.* »

Ce vœu, où l'on voit empreinte une douce confiance,
une foi ardente, fut exaucé, et la peste ne visita point
Chabeuil. Depuis cette époque, une procession générale a

été faite tous les ans en l'honneur de saint Roch. Aujourd'hui elle a lieu encore, quoiqu'avec moins de pompe et de solennité. Ainsi se perpétuent de génération en génération le triomphe de la prière, et le souvenir de la protection du ciel.

Deux ans après, une maladie contagieuse ayant éclaté à Romans et dans les environs, on ferma les portes de la ville, précaution dont on usait toujours au premier signal d'un danger, et toute communication fut interrompue avec le dehors. Les magistrats et les notables, au nombre de cinquante-six, firent la garde tour-à-tour près de la grande porte, et n'admettaient aucun étranger qu'il n'eût préalablement constaté, par un billet, le lieu d'où il venait. Cette vigilance et ce dévouement font honneur aux notables de la ville de Chabeuil, et témoignent assez de leur zèle pour le bien public et la sûreté de leurs concitoyens.

La communauté était toujours obérée de dettes, et il lui était bien difficile de s'en relever; car chaque année voyait s'accroître l'impôt qu'on prélevait sur chaque famille au nom du roi. Le logement des troupes venait encore ajouter à ce malaise. La chambre des comptes, qui n'ignorait pas l'état de souffrance dans lequel se trouvait, depuis plusieurs années, la ville de Chabeuil, publia un arrêt daté de Pont-Saint-Esprit, par lequel il était accordé aux consuls de lever et d'imposer, pendant six ans, un sou par quintal de toutes marchandises passant par Chabeuil qui pèseraient vingt-cinq livres et au-dessus, et deux sous par quintal de farine sortant des moulins delphinaux.

De son côté, la ville n'omettait aucun moyen d'augmenter ses ressources, afin de payer ses dettes : c'est ainsi qu'elle passait, dès cette époque, un bail avec les bouchers; ceux-ci s'engageaient à lui donner cent livres par an, et à vendre la viande d'après le tarif suivant :

Le mouton, 2 sous 6 deniers la livre.
Le bœuf, 2 sous   *id.*
La brebis, 2 sous   *id.*

Le veau, 2 sous, 9 deniers la livre.

La tête de mouton, 2 sous   *id.*

Les pieds de mouton, 1 sou   *id.*

Les chandelles, 5 sous   *id.*

Louis XIII, pour dédommager Honoré de Grimaldi, prince de Monaco, des terres qu'il avait cédées dans le royaume de Naples, peut-être aussi pour lui montrer que sa protection était plus efficace, plus réelle, que celle de la maison d'Espagne, venait de signer le traité de Péronne (14 septembre 1641), par lequel il lui abandonnait le duché de Valentinois, avec une somme de 75,000 livres. La mort ne lui laissa pas le temps de remplir toutes les clauses du traité ; mais Louis XIV y pourvut généreusement : il céda au prince de Monaco, par des lettres-patentes datées du mois d'août 1647, les revenus du péage de Valence, de Vienne, d'Etoile, de Bren, de Charmes, de Montélimar et d'Ancône, ne se réservant que la foi et hommage. Il lui fit encore don et cession, pour les unir au duché de Valentinois, des terres, seigneuries, châtellenies et domaines de Chabeuil et de Sainte-Euphémie, avec droits seigneuriaux, jurisdiction, fief, arrière-fief, revenus des greffes de la cour commune et de la cour supérieure de Chabeuil. Louis XIV ne se réservait encore que la foi et hommage, le ressort et la souveraineté, les murailles fortes et remparts de Chabeuil et de Sainte-Euphémie.

Cet acte n'apporta aucun changement notable dans la principauté de Chabeuil [1]. Comme pour en prendre possession, le prince de Monaco fit placer ses armoiries sur les portes de la ville. Les consuls nouvellement élus lui demandèrent, dans la suite, son agrément avant d'entrer en charge ; on le consultait sur les affaires importantes de la communauté, sans que cependant son avis servît toujours de règle de conduite. Chabeuil continua à se régir par son châtelain, ses consuls et ses assemblées générales ; son

---

[1] On lui voit prendre quelquefois ce titre.

budget et les rôles d'impositions étaient réglés par le gouverneur du Dauphiné. A peu de chose près, la souveraineté
du prince de Monaco, comme on le voit, était purement
honorifique.

Le nouveau duc de Valentinois visita Chabeuil en 1658 ;
il y fut reçu avec beaucoup de pompe et de solennité : on
avait dressé un arc de triomphe devant la principale porte,
qui elle-même était ornée de guirlandes de buis et de
fleurs entourant l'écusson du prince. Il y avait à peine
un an que Chabeuil avait reçu dans ses murs son altesse
royale le duc d'Orléans. La visite d'aussi puissans princes
dut flatter la vanité de ses habitans ; mais cet honneur leur
coûta beaucoup ; car, d'après les ordres de Sa Majesté,
transmis par le gouverneur de la province, on institua une
compagnie d'ordonnance dont l'entretien fut très-onéreux
pour la ville, qui contracta un emprunt, afin de subvenir
à toutes les dépenses occasionnées par la présence du
prince et de sa garde d'honneur.

Soit à cause de son importance, soit à cause des nombreuses prairies qui l'environnent, et peut-être aussi par
des motifs politiques, Chabeuil, depuis la fin du XVIe
siècle jusqu'à la révolution, a toujours eu un escadron de
cavalerie en quartier d'hiver et très-souvent en perma-
nence. Le logement des gens de guerre était une charge
pour les habitans, et souvent ils firent des démarches
pour s'en délivrer. En 1664, le prince de Monaco, cédant
à leurs instances et à leurs sollicitations, écrivit à
Monseigneur Le Tellier, ministre de Louis XIV, pour
obtenir que sa ville de Chabeuil n'eût point à loger le régiment de Bretagne ou tout autre. En reconnaissance de cette
faveur, les consuls, au nom de la communauté, s'engagè-
rent à payer tous les ans 50 pistoles à la princesse de Monaco. Quelques années après, sans avoir égard aux plaintes
des habitans, ni aux recommandations du duc de Valentinois, on envoya à Chabeuil les dragons de la Reine : ils se
livrèrent à toute espèce de malversations envers les habitans, et les campagnes eurent beaucoup à souffrir de leur

présence ; car, sous le prétexte de faire des évolutions militaires, ils allaient avec leurs chevaux à travers les champs et les vignes, sans se mettre en peine des récoltes qui n'étaient point levées. Le châtelain Patin en écrivit au gouverneur de la province, et, par ordre du roi, défense fut faite aux dragons de causer aucun dégât dans les campagnes, et aux cabaretiers de Chabeuil de ne leur rien livrer à crédit. En 1726, ils furent logés dans six casernes meublées aux frais de la ville; elle fournissait en outre le foin et l'avoine nécessaires aux chevaux. Malheureusement ces casernes n'étaient que provisoires, et les dragons furent de nouveau logés chez les habitans.

Le collège de Chabeuil subit cette année (1726) une modification qui tendait à agrandir le cercle de son enseignement, et à le mettre au niveau des autres collèges de la province. Jusque-là les Jacobins qui enseignaient n'avaient pu, faute de secours, répondre aux besoins et aux désirs de la population. On résolut donc d'augmenter le personnel des professeurs et de l'établir sur de nouvelles bases. Les prêtres du Saint-Sacrement, qui dirigeaient avec succès le collège et le séminaire de Valence, sont appelés à jouir du legs de Reynaud et des revenus attachés à la confrérie des pauvres; ils s'engagent à enseigner le latin depuis la *sixième* jusqu'à la *troisième* inclusivement, à prêcher aux principales fêtes de l'année dans l'église paroissiale, et de plus à donner, chaque année, aux consuls, à l'époque des fêtes de la Pentecôte, 10 sétiers de froment pour être distribués aux pauvres sur l'indication des curés de Chabeuil [1] : cette aumône, de temps immémorial, était faite par la confrérie du Saint-Esprit, de sainte Anne et de saint Sébastien. Le prince de Monaco et Monseigneur Alexandre de Catellan, évêque et comte de Valence, donnèrent leur approbation à cet arrangement. Les pères dirigèrent le collège jusqu'en 1791, avec beau-

[1] Il y en avait deux; le titre de la paroisse de Saint-Jean avait été conservé, bien que l'église fût ruinée depuis long-temps.

coup de zèle et de succès. L'étude du latin, du grec, l'histoire générale, l'histoire naturelle, les hautes mathématiques, le blason, faisaient partie de leur enseignement; on y donnait encore des leçons de musique, d'escrime et de danse [1]. M. Robert, avant-dernier principal du collége académique de Chabeuil, était aussi distingué par sa science que par ses vertus; on a de lui un excellent ouvrage sur l'éducation. La ville, heureuse de posséder un établissement dont elle appréciait chaque jour les avantages, lui allouait, vers la fin du dernier siècle, un secours de 200 livres pour augmenter sa dotation, qui, jusque-là, ne s'élevait qu'à la somme de 651 livres.

De leur côté, les dames de sainte Ursule, établies à Chabeuil depuis le milieu du XVIIe siècle, rivalisaient de zèle et d'efforts pour donner aux jeunes personnes une éducation très-étendue et en harmonie avec les besoins du jour. Leur pensionnat était nombreux : un professeur du collége remplissait les fonctions de chapelain auprès de cette maison.

Le commerce ne fut jamais plus actif à Chabeuil qu'à cette époque ; de nombreux produits sortaient du quartier de Rencurel, et allaient porter au loin le nom de ses mégissiers : un quart de la population se livrait à ce genre de travail, qui devenait pour le pays une source de richesses et de prospérité. Il avait encore d'importantes manufactures de draps, où se fabriquaient ce qu'on appelait alors des *draps-forts*, *mi-forts*, des draps façon de Sceaux, des ratines, des *estamets*, des *cordelats*, des *finettes*, etc., etc. Pour empêcher toute contravention aux réglemens et aux statuts qui concernaient la draperie, il y avait dans

---

[1] Un habit de drap écarlate avec revers et paremens couleur chamois, des culottes également couleur chamois, des boutons métalliques, un chapeau noir retroussé à la suisse et orné d'une cocarde de ruban noir, composaient le costume des élèves. Lorsque, parmi eux, se trouvaient des gentilshommes, ils déposaient l'épée en entrant dans le collége et ne la reprenaient que pour faire des visites en ville.

la ville un bureau, où l'on déposait les draps pour qu'ils fussent marqués et inspectés plus commodément par les juges de police des manufactures du Dauphiné : à ce bureau étaient attachés plusieurs *gardes-jurés*, qui avaient pour fonctions de visiter les drapiers trop éloignés de la communauté [1], d'inscrire sur un registre, jour par jour, toutes les pièces, toutes les étoffes qui étaient visitées et marquées, avec le nom des marchands et des fabricans. Mais le commerce de draps s'étant ralenti à Chabeuil, on supprima son bureau. Peyrus, qui n'était alors qu'un hameau de Châteaudouble, se livra entièrement à la draperie, et acquit dans cette industrie une célébrité qu'il n'a point encore perdue.

Avant de terminer cette notice historique, il ne sera peut-être pas inutile de faire connaître les charges locales : elles ne pesaient pas seulement sur le tiers-ordre ; la noblesse et le clergé y contribuaient tout aussi bien que le peuple. Les consuls, en présence de l'assemblée générale, dressaient le budget ; on le discutait, s'il y avait lieu ; puis ils l'envoyaient à l'intendant de la province, pour le faire approuver. Celui de 1747 s'élève à la somme de 456 livres, ainsi départies :

Pour les gages du précepteur de la jeunesse et ceux de la maîtresse d'école. . . . . 200 livres.
Pour les gages du valet de ville . . . . . 20 *id.*
Pour le sonneur de cloches. . . . . 10 *id.*
Pour le logement de MM. les curés, pour le vœu et la fête de saint Roch, pour le cierge pascal. . . . . 117 *id.*
Pour le conducteur de l'horloge . . . . . 15 *id.*

A reporter. . . . . 362 livres.

---

[1] Le bureau de Chabeuil étendait sa juridiction sur les draperies des Faucons, de la Baume-sur-Véoure, de Châteaudouble, de Montélier, de Montvendre, de la Baume-Cornillane et de Barcelonne.

Report. . . . 362 livres.

Pour l'entretien des planches sur la rivière
de Véoure . . . . 12 *id.*
Pour l'entretien des cloches . . . . 5 *id.*
Pour la pension due à MM. du séminaire. 15 *id.*
Pour le loyer du bureau de la draperie. . 12 *id.*
Pour le luminaire, pour l'huile de la lampe
de l'église . . . . 50 *id.*

TOTAL. . . . . 456 livres.

C'est tout juste le traitement d'un garde champêtre
de nos jours ! Ce pauvre budget de 1747 ne se trouverait-il
pas tout honteux de se voir accolé à son successeur de
1846 [1] ?

Le village de Malissard fut détaché en 1769 de la juridiction ecclésiastique de Chabeuil, et érigé en succursale,
par arrêt du conseil d'état. Tout le monde peut apprécier
les motifs qui déterminèrent ce changement. Déjà, depuis
1734, les habitans de ce hameau ne venaient plus aux
offices à Chabeuil ; le service divin se faisait dans une
petite chapelle, qui bientôt fit place à l'église actuelle.

Vers la même époque, les habitans du hameau des
Peyrins se constituèrent en communauté, sous le nom
de Baume-sur-Véoure.

Depuis long-temps, un bruit sourd qui précède ordi-
nairement les grandes catastrophes, les révolutions et le
renversement des empires, grondait dans toute la France,
et trouvait un écho dans le plus petit hameau. La tempête
éclata, et un glorieux trône, de vieilles institutions, une
famille de rois, disparurent ou furent brisés. Les états-
généraux, l'assemblée constituante, l'assemblée nationale
législative, la convention, le directoire, allant de réformes en réformes, abattirent sur leur passage l'antique

[1] Le budget des dépenses ordinaires pour 1846 était de 10,122 fr.
34 centimes.

monarchie de Clovis, et, de ses ruines, firent sortir une nouvelle France.

La division du territoire français par provinces fut abolie par un décret de l'assemblée législative, daté du 4 mars 1790, et remplacée par la division actuelle. Les électeurs du département de la Drome, au nombre de 397, furent convoqués à Chabeuil, afin de déterminer la ville qui en serait le chef-lieu. La première séance de l'assemblée s'ouvrit le 19 mai, dans l'église paroissiale. Le lendemain, M. J.-L. Place, négociant à Chabeuil, eut l'insigne honneur d'être proclamé président [1]; ce choix fut vivement applaudi, car ses qualités, ses talens, son amour pour le bien public, n'étaient ignorés de personne. Après plusieurs séances, où l'on s'était occupé de questions qui avaient rapport à l'administration du département, Valence fut désignée pour chef-lieu, mais à une faible majorité [2]. La religion, que l'on devait bientôt proscrire de ses sanctuaires, fut appelée à bénir les travaux de cette célèbre assemblée : le *Veni Creator* fut chanté; M. Roux, curé et électeur de Chabeuil, après avoir dit la messe du Saint-Esprit, prononça un discours analogue aux circonstances. Le 29 mai, l'assemblée ayant rempli son mandat, on chanta le *Te Deum* en signe d'allégresse et de reconnaissance.

Le séjour que firent les députés-électeurs dans Chabeuil fut marqué par des fêtes et des banquets patriotiques, où régnèrent toujours la paix et la fraternité. Les gardes nationales d'Etoile, d'Allex, de Vaunaveys, d'Upie, de Valence, du Bourg-lès-Valence, de Montvendre, de Châteaudouble, apparurent tour-à-tour à Chabeuil, tantôt pour accompagner leurs députés, tantôt, de concert avec les soldats du régiment de Soissonnais, pour servir de garde d'honneur

[1] M. Dochier, de Romans, fut nommé secrétaire.

[2] Beaucoup de voix s'étaient déclarées en faveur de Crest et de Montélimar.

à l'assemblée. Électeurs et gardes nationaux, tous trouvèrent dans les habitans de Chabeuil l'accueil le plus
bienveillant, l'amitié la plus sincère, et l'hospitalité la
plus généreuse. Eux aussi, croyant à la nécessité et aux
avantages de la révolution, la saluèrent avec des transports
d'enthousiasme : déjà, à l'occasion du rappel du parlement,
ils avaient fait pressentir tout ce qu'il y avait en eux de
sympathie et d'ardeur pour les nouveaux principes politiques. Ce ne fut pas sans orgueil qu'ils virent un de leurs
compatriotes , Charles-François Genissieu , briller par
son éloquence dans toutes les assemblées qui successive-
ment présidèrent aux destinées de la France , et guidèrent
le vaisseau de la révolution. Dernier président de la
convention , il fut contraint, le 26 octobre 1795 , d'en
déclarer la session close et terminée. Un patriotisme à
toute épreuve, des talens extraordinaires, le firent nommer
ministre de la justice sous le directoire , membre du
conseil des cinq cents, et sous le consulat, juge au tribunal
d'appel de Paris. Mais, comme le jeune Bonaparte écrasait
tous les partis sous le poids de sa gloire et de son génie ,
le célèbre avocat de Chabeuil rentra dans la vie privée. Il
mourut à Paris le 27 octobre 1804.

Chabeuil est sorti de la révolution , affranchi de toute
dépendance vis-à-vis du prince de Monaco, chef-lieu d'un
canton considérable et siége d'une justice de paix. Mais
son commerce de peaux a disparu , et si l'on en excepte
deux manufactures de papiers et le vaste établissement
de MM. Gerin fils et Rosset pour le moulinage et la
filature de la soie, qui donnent lieu à quelques relations
extérieures, on ne trouve en lui aucun caractère d'activité
industrielle et artistique. Sa population, qui s'élève à 4452
habitans, est toute agricole. On entre encore dans Chabeuil
par trois portes à plein-cintre : celles de Rencurel et du
Chaffal sont dégradées et privées de leur couronnement ;
la principale supporte une tour bien conservée, qui a
servi long-temps d'hôtel-de-ville. Mais ces antiques remparts, qui avaient fait sa défense au moyen-âge et durant

les guerres civiles du XVIe siècle, s'en vont chaque jour
sous l'ignoble marteau des démolisseurs : encore quelques
années, il n'en restera plus rien; et la ville se montrera
au voyageur sous la physionomie d'un parvenu! Ses rues,
généralement composées de maisons à un seul étage,
étroites, irrégulières, j'allais dire sales, contrastent avec
la beauté de sa position, qui est des plus avantageuses et
des plus séduisantes. Toute la vie, toute l'animation s'est
transportée dans les faubourgs, que de magnifiques travaux
d'endiguement, en amont et en aval du pont, viennent
récemment d'embellir et de rassurer contre les crues si
subites de la Véoure [1]. La route départementale qui les
traverse avait été projetée et ordonnée par un arrêt du
conseil du 2 mai 1773. Déjà, sous Henri IV, le chemin de
Crest était appelé *route de Lyon :* l'administration n'a donc
pas innové; elle n'a fait qu'exécuter d'anciens plans.

Du Bardal, petite place qui est devant l'église, on voit
se dérouler un magnifique horizon, dont l'aspect varié fait
oublier bien vite à l'étranger tout ce qu'il y a de pauvre
et de disgracieux dans la ville ; car les siècles passés ne
lui ont point légué de monumens. Elle avait autrefois un
château-fort, l'église de Saint-Andéol, celle de Saint-Jean
au cimetière; tout a disparu, et l'église actuelle, pour la
forme et l'architecture, est inférieure à maintes chapelles
de village. On y découvre ces trois inscriptions :

L'HÉRÉTIQUE M'A DESMOLYE
ET SOYANS M'A RESTABLYE.
1602.

*Anno Domini millesimo quingentesimo quarto et die quartâ
mensis septembris, obiit Johannes de Plateâ, burgensis Cabeoli,
qui ordinavit fieri hanc capellam pro remedio animæ suæ et
suorum parentum, per ipsum fundatam, qui elegit suam sepul-*

---

[1] On n'a pas oublié qu'en 1841 elle rompit ses digues, se répandit
dans le grand faubourg, dans les rues basses de la ville, et envahit le
rez-de-chaussée des maisons jusqu'à la hauteur de 1 mètre 30 centi-
mètres et plus.

*turam cum totâ familiâ suâ antè altare dictæ capellæ, et
ordinavit duas missas in quâlibet hebdomadâ celebrari, die Lunæ
pro mortuis, et die Jovis de corpore ipsius. Cujus anima re-
quiescat in pace. Amen.*

Hic jacet quo capella fuit consecrata......die.....

« L'an du Seigneur mil cinq cent quatre, et le quatre
» du mois de septembre, est mort Jean de Platéa, bour-
» geois de Chabeuil, qui a fondé et fait élever cette
» chapelle, pour le salut de son ame et de celles de ses
» parens. Il a voulu y être enseveli devant l'autel lui et
» toute sa famille. Il a ordonné qu'il soit célébré chaque
» semaine deux messes, l'une le lundi pour tous les
» morts, l'autre le jeudi pour lui. Que son ame repose en
» paix! Ainsi soit-il.

» Ci-gît celui par qui la chapelle a été consacrée.....»

La troisième inscription se trouvant sur une dalle
tumulaire, va s'effaçant chaque jour, et c'est avec peine
qu'on peut lire le fragment qui en reste :

HIC EST IV......
CLERISSEORVM......
CABEOLENSIVM......
1505.

Le clocher cependant n'est point sans beauté; la teinte
grisâtre qui couvre ses murs semble lui donner une
antiquité qu'il n'a pas; il date à peine du commencement
du XVIe siècle. La charpente qui compose et soutient sa
flèche a été réparée en 1777 [1].

Au commencement de ce siècle, la maison du collége
fut rendue à sa première destination, et les MM. Barjon
continuèrent l'œuvre des pères du Saint-Sacrement, avec un
zèle et un dévouement que l'élite de la société de Chabeuil

[1] Les évêques de Châlons ont porté long-temps le titre de prieurs
de Chabeuil. A la sacristie de l'église Saint-Andéol étaient attachés
des revenus suffisans pour l'entretien d'un prêtre, et pendant plus
de deux siècles elle fut desservie par les religieux de Cluny.

peut encore attester. En 1836, cet établissement, menacé dans son existence, fut un instant fermé. M. Gondin, toujours sentinelle vigilante, toujours attentif aux besoins de sa paroisse, jeta le cri d'alarme et plaida vivement devant l'autorité les intérêts de la jeunesse : ce ne fut pas en vain; car bientôt, par les soins et les efforts de feu M. J.-F.-E. Clairefond, dont la mémoire vivra longtemps, le collége fut confié à M. l'abbé de Saulce, qui le dirige aujourd'hui. On ne pouvait faire un choix plus heureux : la voix publique, qui se fait l'organe de la reconnaissance des pères de famille, me dispense de faire son éloge.

Il m'est doux de le dire en terminant : si, par l'incurie de quelques magistrats, les habitans de Chabeuil ont eu des jours mauvais, des jours de souffrance et d'oppression, ils peuvent maintenant ouvrir leurs cœurs au doux sentiment de l'espérance; car l'habile direction donnée aux affaires par les honorables maires qui se sont succédé depuis la révolution, entr'autres par MM. Place, de Laurencin, Clairefond et Blézat, leurs tentatives pour rendre à la ville son ancienne splendeur et répandre le bien-être dans toutes les classes, commencent à produire leurs fruits et font rêver à un avenir meilleur. M. de Bimard, dont la sollicitude s'étend à tout, parce qu'il a l'intelligence des besoins de notre époque, se montre leur digne successeur, et acquiert chaque jour de nouveaux titres à la reconnaissance de ses concitoyens : aussi son administration, marquée déjà par de grandes améliorations et d'utiles travaux, son zèle pour le bien public, le concours généreux et éclairé que lui prête le conseil municipal, tout fait présumer qu'une ère de prospérité va commencer pour Chabeuil.

FIN.

BIBLIOTHEQUE NATIONALE DE FRANCE

3 7531 04425050 5

www.ingramcontent.com/pod-product-compliance
Lightning Source LLC
LaVergne TN
LVHW022030080426
835513LV00009B/958